Terapia cognitivo conductual hecha simple

La guía paso a paso de 21 días para superar la depresión, la ansiedad, la ira y los pensamientos negativos

Tabla De Contenido

Introducción.. 1

Lidiar con emociones abrumadoras.......................4

Ira 7

Ansiedad...10

Depresión 13

Pensamientos negativos............................... 16

Terapia cognitiva conductual........................ 19

Día 1: Seamos realistas con nuestras emociones ...24

Día 2: Pon tus sentimientos en palabras.............. 30

Día 3: Habla con alguien.............................36

Día 4: Siente la música............................... 41

Día 5: Salir fuera de ti 46

Día 6: Conviértete físicamente...................... 51

Día 7: Date permiso para sanar......................54

Día 8: Empieza a soñar despierto de nuevo...........59

Día 9: Crear una lista de gratitud........................65

Día 10: Medita...70

Día 11: Presta atención a tu dieta 76

Día 12: Desarrolla tu propio mantra 82

Día 13: Practica la respiración profunda 87

Día 14: Gana maestría sobre tus emociones 93

Día 15: Aumentar las cosas con nuevas técnicas de relajación 99

Día 16: Reflexionar sobre la experiencia 105

Día 17: Concéntrate en lo bueno 110

Día 18: Desarraigar las fuentes negativas 115

Día 19: Lleva la positividad a los demás 120

Día 20: Vive el momento 125

Día 21: Dejando todo atrás 130

Abrazando al nuevo tú 135

Cierre 141

Gracias 144

Introducción

¿Alguna vez has sentido que la vida parece deleitarse en extremo al tratarte brutalmente dandote resultados injustos? ¿Luchas por mantener algún tipo de relación en tu vida? ¿Has experimentado recientemente un vergonzoso arrebato emocional que aparentemente ocurrió sin ninguna razón en particular? Si puedes relacionarte con estos escenarios, entonces no estás solo. Millones de personas luchan con estas cosas en sus vidas a diario y no pueden encontrar mecanismos saludables para hacer frente a la situación. ¡Sin embargo, este libro te da el poder y te facilita tu viaje a un nuevo tú y en tan sólo 21 días!

La terapia cognitivo-conductual hecha simple: La guía paso a paso de 21 días para superar la depresión, la ansiedad, el enojo y los pensamientos negativos ofrece soluciones prácticas para lidiar con tus emociones. Como resultado, de cada página obtendrás una visión más profunda de quién eres como individuo y por qué probablemente actúas de la manera en que lo haces. Este libro logrará los siguientes objetivos:

- Un análisis profundo de la ira, la ansiedad, la depresión y los pensamientos negativos

- Los métodos más eficaces utilizados en la terapia cognitivo-conductual

- Pasos sencillos que puedes implementar diariamente para transformar tu vida en tan sólo 21 días

- Cómo controlar tus emociones y posteriormente tomar el control de tu vida

- Cómo ser asertivo sin ser agresivo en tus relaciones con los demás

- Una guía práctica para vivir tu mejor vida ahora

Muchos libros que hablan de la terapia cognitivo-conductual tienden a ser demasiado clínicos en su enfoque y esotéricos en sus métodos. A su vez, estos tipos de "jumbo jumbo médico" dificultan aún más que la persona promedio entienda claramente el concepto, y sobretodo que interiorice el mensaje lo suficiente como para aplicarlo al uso práctico en su vida cotidiana. Este libro pone en primer plano tus problemas emocionales comunes. Luego analiza la solución que es la terapia cognitivo-conductual, que esencialmente se trata de ponerte en un mejor control de tus emociones.

Para asegurarte de que obtienes el máximo de este libro, hay una guía paso a paso incluida en el libro para la aplicación diaria. Esos pasos te llevarán desde donde estás ahora hasta donde quieres estar exactamente, en el futuro. No hay ninguna magia en ello. Todo lo que se requiere es un poco de esfuerzo por tu parte, y comienza simplemente pasando a la siguiente página.

¿Listo para comenzar este emocionante viaje a un nuevo tú?

Lidiar con emociones abrumadoras

Hay días en los que te despiertas y estás súper emocionado por iniciar el día. Y luego tienes esos momentos en los que te despiertas, e inmediatamente te arrepientes de haberlo hecho. De repente se siente como si el sol fuera demasiado brillante, la cama demasiado blanda, los pájaros cantan demasiado fuerte, y otras personas son demasiado felices. Durante este tipo de escenarios, el mundo se siente injusto y cruel, y tú prefieres retirarte a los confines de tu edredón que enfrentarte a las injusticias del mundo.

Puede sonar un poco dramático, pero esta experiencia es la realidad para muchas personas. Si estás leyendo este libro, tal vez caigas en esta categoría. Lo que estás experimentando es probablemente una marea de emociones que te golpean al mismo tiempo con una intensidad tan alta. Es como ser golpeado por un avión, excepto que, en lugar de tener lesiones físicas, te golpeas emocionalmente y te agobias. El mundo en el que vivimos hoy en día hace que las cosas sean aún peores. La presión de lograr tanto en tan poco tiempo crea un estrés que es tóxico y dañino para la salud física y mental.

Nadie toma una decisión deliberada de vivir su vida de esta manera. Por lo tanto, es seguro decir que las personas con las que nos rodeamos y las experiencias que hemos tenido en la vida, juegan un fuerte papel en moldearnos y darnos forma en lo que somos y lo que sentimos actualmente. Piensa en las emociones como nuestros mecanismos de defensa psicológicos y mentales. Cuando nuestros cuerpos son infectados por un virus, nuestros mecanismos de defensa biológica se activan creando anticuerpos para combatir esos virus. En la misma línea, cuando tienes una experiencia negativa, las emociones estimulan para ayudarte a enfrentar la situación. Si estás siendo atacado, te asustas, por lo que el miedo desencadena tus instintos de supervivencia.

Cuando has sido violado o injustamente herido, es entonces que la ira se agita para ayudarte a defenderte. Pero fuera de la respuesta natural habitual a las situaciones de la vida, si estas emociones se activan con frecuencia y se convierten en un escenario predeterminado: y cuando el escenario emocional predeterminado comprende emociones negativas, la mente se convierte en un caldo de cultivo para más emociones negativas, que son incluso más peligrosas que la emoción inicial que generó todo el proceso. Es como un eslabón de la cadena. El miedo engendra paranoia, que a su vez genera desconfianza, que a su vez engendra ira, y así sigue adelante. Esta cadena de eventos te lleva a una espiral descendente que merece una intervención externa para ayudarte a rectificar.

Cuando llegas a ese punto en el que parece que estás sintiendo todo, estás totalmente abrumado por las emociones. Si se deja por sí solo, puede convertirse rápidamente en extremadamente tóxico. Pero no te desesperes, hay una solución. Pero antes de que lleguemos a ese consejo, veamos algunas de estas emociones negativas y el impacto que tienen en nuestras vidas.

Ira

La ira es una emoción que ha recibido una tonelada de prensa negativa. En su estado normal, es una emoción que responde a situaciones en las que se percibe un error. A veces, la ira es en respuesta a algo que se le hace a uno y en algunos casos, es en respuesta a algo que se le hace a otras personas. El mal en cuestión no tiene que ser algo físico real. Las palabras tienen una forma de provocar la ira. Tal vez tus creencias están siendo menospreciadas y pueden instigar la ira en ti.

La gente responde a la ira de diferentes maneras. Debido a la naturaleza volátil de la ira, algunas personas optan por internalizar su ira. Este enfoque es una medida temporal, pero el efecto a largo plazo podría ser tan devastador como un estallido espontáneo de ira. La ira, si se deja desatendida y sin tratar, puede hervir a fuego lento bajo la superficie, enmascarando así su verdadera intensidad hasta que un pequeño e insignificante incidente desencadena un violento estallido de emoción. Cuando sucumbes a estas violentas compulsiones, terminas hiriéndote a ti mismo y a los que te rodean.

Cuando la gente está en medio de estos estallidos violentos, se ve atrapada en esta neblina que parece robarles el control. Es como si las puertas de sus emociones se rompieran, y todo se precipita en enormes y masivas olas que barren todo y a todos a su paso. En ese caos, la persona que está enfadada es incapaz de distinguir entre amigo o enemigo, adulto o niño, y en casos extremos, la expresión violenta de la ira puede ser física. Pero tan rápido como esta neblina se apodera de una persona, se disipa en pocos momentos. En esencia, puede dejar un rastro de dolor y culpa.

Las personas que están en el extremo receptor de una neblina de ira no son los únicos que se sienten heridos por ella. Aquellos que expresan ataques de ira también son heridos por sus acciones y se avergüenzan de ello. Esta vergüenza desencadena la culpa. Y la culpa, a su vez, desencadena la ira, lo que te deja atrapado en un ciclo de ira. Cada vez que experimentas un arrebato de ira, hieres a otros y te sientes herido por el hecho de haberlo hecho. Como resultado, te sientes avergonzado, lo que te lleva de nuevo a la ira en un círculo vicioso.

Dicho esto, la ira volátil no es la única forma de expresión. Algunas personas son pasivas agresivas, y otras prefieren apartar a todos de sus vidas cuando están enojados; y luego hay personas que tienden a hacer una combinación de diferentes formas de expresión de la ira. Cualquiera que sea la categoría en la que te encuentras, hay una forma de controlar mejor tu ira.

El objetivo no es dejar de estar enojado por completo. No sólo es imposible, sino que además es insalubre. Recuerda, la ira es como cualquier otra emoción que experimentes, lo que significa que también tiene muchos beneficios. Lo que esperamos lograr al final del libro es que llegues a un punto en el que puedas expresar tu ira de una manera sana y positiva. Porque sí, es posible estar enojado, al recibir el mensaje que quieres transmitir y aun así asegurarte de que todo el mundo, incluido tú, tenga una experiencia positiva de ello.

Ansiedad

Al igual que la ira, la ansiedad es una de esas emociones negativas que en realidad actúa como un mecanismo de defensa para protegernos. Es una respuesta biológica al estrés. El concepto de estrés fue probablemente reintroducido en la sociedad hace una década, pero es algo que siempre ha estado presente desde que los humanos han existido. Si haces comparaciones, la principal diferencia entre las eras anteriores y la actual es la fuente de estrés. Hay numerosos desencadenantes de estrés en el mundo en el que vivimos hoy en día, y debido a la forma en que la sociedad moderna está estructurada, así como a los avances que hemos hecho en las áreas de la tecnología, estos desencadenantes de estrés están justo en nuestros hogares. Esto probablemente explicaría por qué el estrés es una de las enfermedades mentales más comunes en el mundo actual.

Los factores de estrés pueden ser cualquier cosa, desde tu trabajo, tu relación, tus problemas de dinero hasta la amenaza real de peligro. La ansiedad básicamente te ayuda a sobrellevar las situaciones estresantes, y no hay que confundirla con el miedo, que activa tus instintos de supervivencia en situaciones en las que sientes que tu persona está amenazada. Está bien sentirse ansioso por ciertas cosas. Te mantiene alerta y te ayuda a prepararte para lo que sea que te haga sentir aprensivo. Sin embargo, cuando estos sentimientos de ansiedad parecen paralizarte y te impiden realizar tus actividades rutinarias normales, es porque se ha convertido en un trastorno de ansiedad.

La ansiedad suele tener sus raíces en el miedo, y puede empezar a manifestarse desde la primera infancia. Otra causa de la ansiedad es una mala experiencia. Un feo incidente que te traumatizó puede hacer que tus niveles de ansiedad se disparen. Según los investigadores, las personas que provienen de familias en las que prevalecen los trastornos de ansiedad tienen muchas posibilidades de desarrollar ellos mismos un trastorno de ansiedad debido al componente genético. Cualquiera que sea la fuente de tu trastorno de ansiedad, puede tener un fuerte impacto negativo en tu experiencia de la vida diaria.

Como habíamos discutido en el capítulo anterior acerca de la ira, la ansiedad no es una emoción que debas erradicar por completo. La falta de cualquier sentimiento de ansiedad podría llevarte a una situación mental aún más peligrosa para ti con fuertes implicaciones físicas. Sin ninguna forma de ansiedad, es fácil volverse imprudente y mostrar un completo desprecio por la vida. Sin ansiedad, te inscribirías para saltar de un avión en pleno vuelo, sin prestar atención a las precauciones de seguridad.

El objetivo de este libro no es evitar que te sientas ansioso. El objetivo es llevarte a ese punto en el que te enfrentes abiertamente a esos miedos ocultos, y que al hacerlo, seas capaz de retomar el control en lugar de dejar que esos miedos te controlen a ti. Con cada paso que das en este programa, cambias activamente la narrativa de tu vida; de alguien cuya vida y decisiones importantes han sido moldeadas por sus miedos a alguien que está quitando deliberadamente las limitaciones puestas en su vida. Aquí es donde nosotros [por nosotros, quiero decir tú y yo] llegamos a ser testigos de una brillante transformación y lo único que puede asustar es el potencial que tienes para llevar una vida grande y aventurera que sólo está dictada por ti.

Depresión

Todo el mundo experimenta la depresión al menos una vez en su vida. La expresión de esta varía de una persona a otra, aunque hay síntomas clásicos y las circunstancias que rodean la depresión determinan en gran medida la intensidad y la duración de esta. La depresión se produce como resultado de una inmensa tristeza. Esto no quiere decir que cada vez que te sientas triste, te deprimirás. La tristeza es el nivel básico y en esta etapa, lo que experimentas es una reacción natural a un evento que causó daño o pérdida. Juega un papel activo en el proceso de curación después de una experiencia traumática.

Pero cuando la tristeza se prolonga demasiado tiempo, el resultado es la depresión: y cuando uno está en este estado, la vida se convierte en una tratar de existir en lugar de vivir. La depresión se manifiesta en las personas de manera diferente. Algunas personas son incapaces de realizar incluso la tarea más básica. Permanecen en sus camas, sin poder comer, beber o incluso reaccionar. Esto paraliza sus vidas tanto que hay una completa falta de interés en vivir. Su salud mental es inestable en este punto, ya que pierden las ganas de vivir. Si se les deja sin control y sin atención, podrían ceder al engaño del suicidio, creyendo que sólo la muerte tiene las respuestas.

Para algunos otros, su propia experiencia es todo lo contrario: son capaces de llevar la vida con toda normalidad. De hecho, puede que incluso los encuentres riendo, bromeando y entreteniendo a la multitud como el alma de la fiesta. Pero debajo de esa fachada feliz se esconde una tristeza y un dolor extremos. Usan su jovialidad para enmascarar su verdadero estado de ánimo. Sólo si se eres muy observador se pueden vislumbrar sus depresiones. E incluso entonces, "salen" de su vulnerabilidad emocional y reanudan su teatro hasta que ya no pueden soportar el peso de su depresión. Una vez más, si no se controla, el final podría ser tan desastroso como el de las personas del primer grupo. La única diferencia es que nadie ve venir sus acciones.

Y luego tienes a aquellos que exhiben un poco de ambos. En un momento están extremadamente felices, y al siguiente están abatidos por una tristeza abrumadora. Muchos de los que sufren de depresión también experimentan una mayor ansiedad y cambios de humor entremezclados con momentos de arrebatos de ira. Además del efecto emocional, la depresión también deja su marca física. Es probable que los que la padecen experimenten dolores de cabeza y de espalda, además de cansancio. Se sienten exhaustos todo el tiempo, tienen problemas para dormir, pensar e incluso hablar.

La depresión alcanza su punto máximo cuando el enfermo empieza a contemplar el suicidio. En ese momento, es importante buscar ayuda inmediatamente. La transición de la tristeza al punto de suicidio no ocurre de la noche a la mañana. Es un proceso que se acumula lentamente sin que el paciente se dé cuenta. Al igual que la ansiedad, puede ser hereditaria, así que busca los antecedentes familiares en cuanto a su salud mental. Con un mejor conocimiento, eres más capaz de luchar. En los próximos capítulos, aprenderás cuáles son los factores causantes del estrés y cómo controlarlos de manera que no terminen afectando negativamente tu salud mental y tu felicidad.

Pensamientos negativos

Todos tenemos diálogos internos con nosotros mismos. Nuestros pensamientos y opiniones sobre los eventos, la gente e incluso nosotros mismos son temas prominentes para estas discusiones internas. Cuando te observas a ti mismo en el espejo, no sólo termina allí con lo que viste de ti mismo. Tu mente almacena esa información y luego la procesa. Después de procesar la información, tu mente vincula los eventos y las cosas en general a esta información. Por ejemplo, si haces un poco más de esfuerzo para vestirte con tu jean favorito, tu mente lo relaciona con el ligero bulto que viste antes en el espejo y te dice que quizás, necesitas reducir los alimentos dulces ya que podrías haber ganado peso. A este nivel, tu razonamiento es perfectamente racional y dentro de los límites normales.

Sin embargo, las cosas empiezan a tomar un giro diferente cuando tu mente empieza a señalar eventos absurdos que no tienen nada que ver con la imagen que viste, y los vínculos suelen ser muy negativos. Por ejemplo, si entras en una habitación que estaba llena de conversaciones antes de que entraras y tu mente te alimenta con pensamientos que vinculan el silencio repentino con tu aumento de peso, eso es negativo. Tal vez experimentaste una pérdida o fuiste pasado por alto para un ascenso, y empiezas a pensar que es porque estás demasiado gordo, tu diálogo interno ha tomado un giro muy negativo. Estos ejemplos son sólo muestras triviales, pero expresan cómo funcionan los pensamientos negativos. Las situaciones que te rodean se procesan internamente y se te devuelven de una manera que te desmoraliza completamente.

Muchas personas se han visto impulsadas a tomar medidas que normalmente no habrían tomado por sus constantes pensamientos negativos. Inicialmente, rechazarías la información que te dan, pero cuando meditas continuamente en esos pensamientos a lo largo del tiempo, empezarías a creerlos hasta que casi se convierten en una realidad para ti. El albergar pensamientos negativos no sólo afecta tu psique mental, sino que también puede destruir tus relaciones. Esto se debe a que esos pensamientos negativos afectan tu capacidad de evaluar objetivamente tus relaciones. Tu reacción a esos pensamientos puede variar. Podría ponerte en un estado perpetuo de ira, que puede salirse de control. Ya sabemos lo que la ira incontrolable puede causar. También puede dejarte deprimido e incapaz de reaccionar a niveles óptimos.

En las relaciones en las que hay una ausencia total de confianza, la causa fundamental suele ser los pensamientos negativos alimentados por acontecimientos que se han interpretado mal o no se han resuelto. Es mentalmente agotador permanecer enfocado en los pensamientos negativos. Es como una nube oscura que borra el sol dejándote infeliz e incapaz de tomar nota de las cosas que realmente importan. Tal es la naturaleza de los pensamientos negativos. Pero por muy sombrío que sea este panorama, es muy posible volver a entrenarse para pensar en términos más positivos. Con una práctica consistente y un esfuerzo deliberado, puedes controlar cómo procesas la información y darte a ti mismo una retroalimentación positiva. La terapia cognitivo-conductual es clave en este proceso y el siguiente capítulo explora cómo.

Terapia cognitiva conductual

Piensa en ti como una pizarra que tiene tantas palabras, imágenes y textos garabateados sobre ella de una manera que hace imposible darle sentido a nada. No puedes saber dónde comienza un texto y dónde termina el otro, pero estás seguro de que todos están vinculados de alguna manera, pero no puedes averiguar cómo. Si te enfrentas a un tablero así, te entristecería su estado actual. No es como un rompecabezas que ya tienes una imagen clara de cómo es el producto final. Para darle sentido a esta pizarra, tendrías que llegar a la palabra raíz o frase inicial. Cuando encuentres esa base, puede que tengas que borrar ciertas palabras y reemplazarlas con alternativas adecuadas; en resumen, es sólo a medida que vayas añadiendo cada nueva palabra que empiezas a ver una apariencia de normalidad. Este proceso es lo que abarca la terapia cognitivo-conductual.

Cuando te encuentras actuando, pensando y hablando de maneras que no deberías debido a la ira excesiva, la ansiedad agobiante, la depresión abrumadora y el aumento de palabras negativas, sería imposible que la vida tuviera sentido. Esto se debe a que todo lo que haces se filtraría a través de estas emociones. Parecería como si todos en el mundo entero estuvieran en contra de ti. Cada paso que des parece estar fuertemente impregnado de plomo. Pequeños eventos encienden la rabia en ti tan volátil que parecería que llevas un pequeño huracán en tu interior que está haciendo girar todo fuera de control y destruyendo todo a su paso. Y no importa si está lloviendo afuera o el sol brilla, ya que tienes tu propia tormenta eléctrica personal con gruesas nubes oscuras y fuertes chubascos que están programados para eliminar cualquier pensamiento o sentimiento feliz. No es de extrañar que te sientas como lo haces. Tu pizarra está completamente desordenada.

Con la Terapia Cognitiva Conductual (TCC), empiezas a entender por qué te sientes como te sientes. Sólo al responder a la pregunta del por qué, puedes determinar cómo puedes inclinar la balanza a tu favor. No te despertaste de la noche a la mañana y empezaste a sentirte como te sientes. Incluso si tu condición es hereditaria, hay varios patrones de comportamiento que se han establecido a lo largo del tiempo que hacen que estas condiciones se establezcan. Con la terapia cognitiva conductual, puedes identificar esos patrones de comportamiento y compensar su influencia sustituyéndolos deliberadamente por prácticas conductuales más adecuadas. La TCC es más efectiva en las condiciones mentales mencionadas en el capítulo anterior. Aunque también se ha sabido que se utiliza en el tratamiento de dolencias de larga duración como el síndrome de intestino irritable, que puede ser controlado mediante un mejor comportamiento alimentario.

Sin embargo, es importante señalar que la terapia cognitiva conductual no está diseñada como una medida curativa, ni mucho menos. En su lugar, te ayuda a afrontar mejor esas condiciones, ayudándote eficazmente a tomar el control de tus emociones. Para que la TCC funcione, se requiere lo siguiente en igual medida:

- Consistencia

- Diligencia

- Voluntad

- Honestidad

En el contexto de este libro, estamos tomando una ruta ligeramente diferente. En lugar de sentarse en un sofá con un terapeuta, estarías yendo directamente a los problemas y tomando medidas proactivas para resolverlos. El objetivo es ayudarte a establecer nuevas conductas para controlar la ira, la ansiedad, la depresión y los pensamientos negativos. Dicen que toma 21 días desarrollar un nuevo hábito. Pero esa no es la razón por la que nosotros (tu y yo) estamos trabajando con los 21 días. Mira estas emociones discutidas en este libro y descubre que aunque nuestras experiencias difieren, hay ciertos factores fundamentales que pueden contribuir a agravar la situación. Al mismo tiempo, hay elementos específicos de comportamiento que pueden ser introducidos para revertir la experiencia y llevarte a un lugar donde seas más capaz de enfrentar lo que sea que esté sucediendo.

Estos ejercicios diarios son muy simples, pero el efecto es poderoso. Algunos deben realizarse repetidamente para tener un efecto. Sin embargo, si se hacen bien, se puede notar una diferencia significativa desde el primer intento. Otros deben combinarse en escenarios específicos para lograr el máximo impacto, y también los he señalado cuidadosamente. Para obtener los resultados deseados, es importante que seas deliberado al tomar cada acción. También ayuda a curar tu experiencia después de la acción. Esto te ayudaría a poner las cosas en perspectiva y te daría una idea de las áreas problemáticas. Recuerda la pizarra que usamos como ilustración al principio de este capítulo. Hay tantas cosas que están pasando en tu vida ahora mismo, y ninguna de ellas probablemente tenga sentido.

Nosotros (tu y yo) estamos usando la Terapia Cognitiva Conductual para volver sobre tus pasos, realinear tu comportamiento con los resultados emocionales que esperas lograr y en general llevarte a un lugar donde estés emocionalmente equilibrado y contento con quien eres y las experiencias que tienes en la vida. Porque afrontémoslo, la vida siempre tendrá esos incidentes terribles e injustos que nos suceden, aunque no seamos merecedores de esas situaciones. Pero no tenemos que dejar que esos incidentes nos definan. Cuando nos arraigamos en nuestra verdadera identidad, no nos será fácil escalonar por lo que sucede en el exterior. Habrá momentos en los que resbalarás. Y esa caída te desanimará para seguir adelante. Un deslizamiento momentáneo no es el fin del mundo. Esto es lo que te hace humano. La parte que te hace extraordinario es tomar la decisión de levantarte de esa caída, armar los pedazos que se rompieron y resolver ser más fuerte para ello. Estás hecho de mucho más, y en los próximos 21 días, ¡descubrirás lo increíble que eres!

Día 1

Seamos realistas con nuestras emociones

Un error que es una práctica común entre las personas que están luchando con problemas emocionales, como los que se han discutido anteriormente, es la necesidad de ocultar o enterrar sus sentimientos. Estamos programados para pensar que suprimir esos sentimientos o negarlos puede de alguna manera hacer que esos sentimientos se desvanezcan o desaparezcan con el tiempo. Irónicamente, lo que sucede es lo contrario. Cuando eliges esconder lo que sientes, simplemente se almacena en los huecos de tu mente. En ese rincón oculto, continúa creciendo. Y para facilitar su crecimiento, se alimenta de otros pensamientos positivos que ocupan esta sección de tu mente. Allí florecerá y nacerá una versión no tan dócil de la emoción original que la inició en primer lugar. Y en el siguiente impulso, se encenderá y superará tus impulsos causando que reacciones negativamente.

Por eso, en algunos casos asociados con la ira, parecería que es sólo un pequeño incidente el que desencadenó el estallido. El hecho es que esa ira ha estado ahí por un tiempo. Estaba hirviendo lentamente bajo la superficie, dándote la ilusión de que al no responder a ella la primera vez, eras capaz de aplastar la sensación cuando en realidad era todo lo contrario. Y esto se aplica a la ansiedad, la depresión y los pensamientos negativos también. La necesidad de enterrar nuestras emociones puede ser atribuida a varios factores como nuestra personalidad o educación social. Por ejemplo, las personas que odian la confrontación y actúan como personas complacientes son más propensas a no querer reaccionar con ira. Si has estado enojado en el pasado, ya sea en tu infancia o en tu edad adulta y te avergonzaste por esa muestra de emoción, las posibilidades de que reacciones con ira ahora o en el futuro son muy escasas.

Esto también explicaría por qué muchos hombres sufren secretamente de depresión. Desde que eras pequeño te dijeron que los niños no lloran. Así que, incluso cuando estás herido en lugar de responder a ese dolor, tiendes a embotellarlo y guardarlo. Cuando hablé de la depresión, especifiqué que la tristeza es una parte muy importante del proceso de curación. Así que, si no te permites sentirte triste, lo más probable es que nunca te recuperes del todo del dolor. Esto va a sembrar una semilla en tu corazón que te llevará a la depresión. Podría continuar y dar muchas ilustraciones sobre cómo embotellamos nuestros sentimientos y cómo el efecto resultante podría ser la inestabilidad emocional que estás experimentando ahora mismo.

Ocultar tus sentimientos es un hábito que debe ser roto inmediatamente, y puedo entender que esto puede no ser algo con lo que puedas lidiar de inmediato, pero no vine aquí por resultados a medias. Nosotros (tu y yo) vamos a hacer esto ahora, y comenzaré dándote algunos datos para ayudarte a aceptar la importancia de este paso.

1. Las emociones no son sensibles al género.

Contrariamente a lo que se te ha dicho, no hay emociones que sean exclusivas del género. Estar triste no es un rasgo femenino y tampoco lo es llorar. Si te han herido o estás sufriendo actualmente, acepta ese dolor. A nadie le gusta estar triste. Ni siquiera las mujeres que te han dicho que son propensas a la tristeza. Pero esto es parte de la experiencia humana. Lo mismo ocurre con la ira. La ira no te sucede simplemente porque eres de un género en particular. Si tus derechos han sido pisoteados, la ira te alerta de esto. A veces, puedes tener razón al sentirla o tal vez no. Pero esta no es la etapa para racionalizar los derechos o los errores. Lo sientes porque eres humano.

2. Las emociones no son una muestra de debilidad

Me parece muy irónico que sólo podamos descubrir nuestra verdadera fuerza cuando abrazamos nuestras emociones. Pero este es el hecho. Las emociones no sólo suceden. Se activan, y esos disparadores te alertan de cosas que son importantes para ti. Rendirse a esas emociones no disminuye de ninguna manera tu capacidad o potencial de fuerza. En su lugar, te mantiene enraizado en lo que valoras, y es cuando estás enraizado que puedes controlar tus emociones. Así que, para aprender a controlar tus emociones, tienes que aprender a abrazarlas.

3. Las emociones no son saludables para ti

No hay ninguna emoción que no sea saludable, y este sentimiento incluye la ira, la ansiedad, la tristeza e incluso los pensamientos negativos. Es tu reacción a ellos lo que se clasifica como no saludable. La ira te ayuda a defender tus deseos y necesidades, la tristeza te ayuda a sobrellevar la pérdida, la ansiedad te alerta del peligro en tu entorno y los pensamientos negativos te impiden construir castillos en el cielo.

Negar estas emociones significaría refutar estos beneficios y esto es lo que resulta en los problemas que experimentas.

Ahora que tienes una mejor comprensión de la importancia de las emociones, estás en una mejor posición para abrazar tus verdaderas emociones. Sin embargo, esto no es una licencia para que te vuelvas loco. Este capítulo no es un boleto de "haz todo lo que quieras hacer". Tu objetivo es ayudar a mantenerte en contacto con tus emociones y controlar cómo respondes a ellas al mismo tiempo. Esto es lo que debes hacer:

1. Encuentra una liberación física.

La racionalización mental no siempre es la mejor manera de ser realista con tus emociones. A veces, necesitas hacer algo físico para liberarlas. Cosas como hacer ejercicio, gritar en una almohada o incluso romper algo (ten cuidado con esto último) pueden ayudar a aliviarte, especialmente cuando lo que sientes es muy intenso. Por eso es muy recomendable llorar. La gente dice que los clichés como el llanto no ayudan, pero eso es porque no saben qué hacer. Realmente ayuda.

2. Identifica correctamente tu sentimiento en el momento

Cuando estés en el calor del momento, piensa en lo que realmente sientes. Puede que estés mirando a la persona que posiblemente desencadenó tu ira y pensando que la odias, pero en realidad, lo que estás sintiendo no es odio. Te sientes enojado.

3. Dirige tus sentimientos apropiadamente

¿Tal vez acabas de romper con alguien, y estás en esa fase en la que piensas que todos los hombres son escoria o que todas las mujeres son horribles? Seguir esta actitud puede generar ira, ansiedad y posteriormente depresión. Lo correcto es centrarse en tu pareja que te ha hecho daño y sentir lo que sientes hacia él o ella. Usa esta misma estrategia en todos tus tratos.

Ser realista con tus emociones puede ser una perspectiva aterradora, pero cuando te pones manos a la obra, te ahorrarás una tonelada de dolor y confusión emocional a largo plazo.

Día 2

Pon tus sentimientos en palabras

Cuando era más joven, recuerdo que me metía en peleas con mis hermanos por las cosas más estúpidas y mi madre siempre intervenía. Recuerdo haber permanecido enojado y con la *cara de piedra* hasta el punto de que nos preguntaba qué había pasado. Entonces, como si fuera una señal, mi voz se quebraba de emoción y se abría la puerta de las lágrimas. Balbuceaba incoherentemente mientras trataba de contar el evento de la manera en que lo recuerdo. Esto ocurrió tanto si yo era la víctima como si no. Incluso como adulto, también he experimentado esto. Aunque rara vez me meto en altercados tanto como cuando era más joven, siempre he notado que cuando estaba en un estado emocional elevado y reaccionaba a él, si me pedían que narrara los eventos que llevaron a ese arrebato, siempre terminaba siendo extremadamente emocional. Estoy extremadamente seguro de que, si miras tu historia, este podría ser el caso para ti también.

De hecho, nunca me doy cuenta honestamente del verdadero alcance de mis emociones hasta el punto en que tengo que explicarlo. Este es el poder de articular tus emociones. Ahora que has dado el valiente paso de ser real con lo que sientes, el siguiente paso es ayudarte a explorar la profundidad de esos sentimientos. No tienes que hacer esto en presencia de la gente si no quieres que nadie sea testigo de tu momento emocional. Esto no se trata de los demás de todos modos. El objetivo es tratar de descubrir cuán profundos son esos sentimientos. A veces, al articular tus sentimientos, se te da una perspectiva de la situación que te permite ver las cosas objetivamente. Puede que te sorprendan las conclusiones que ofrece este nuevo objetivo.

Para empezar, al articular tus sentimientos, podrías filtrar tus emociones y descubrir qué es lo que realmente está poniendo a la abeja en tu capó, por así decirlo. En el calor de tus emociones, es difícil ver más allá de lo que sientes, pero expresarlo te obliga a hacerlo. Otra conclusión sorprendente a la que puedes llegar es el hecho de que puedes estar haciendo una montaña de un grano de arena. Eso no quiere decir que tus sentimientos sean triviales y no merezcan ser tomados en serio. Pero en situaciones en las que las emociones y las tensiones son altas, la más mínima cosa puede desencadenar una reacción desagradable. Así que, si te sigues centrando en tu reacción a este pequeño incidente, probablemente seguirás bailando alrededor del tema sin conseguir soluciones reales al problema principal.

Esto puede parecer contrario a la importancia de quedarse con el momento, pero te prometo que no lo es. En todo caso, está en consonancia con este buen consejo. Al articular tus sentimientos, eres capaz de permanecer en el momento porque estás hablando de lo que sientes en ese momento. Pero no termina ahí. Este proceso te ayuda a explorar de dónde vienen esos sentimientos, y no puedo enfatizar lo crucial que es para el crecimiento emocional y la estabilidad mental. Así que, ahora que hemos establecido de qué se trata, así como su importancia, ¿cómo se hace para expresar los propios sentimientos?

Puedo entender que esto no es algo que le resulte fácil a la mayoría de la gente. Ya estás en un lugar en el que parece que estás experimentando un caleidoscopio de emociones y que te pidan que las expreses puede requerir que profundices en esas emociones que pueden ser dolorosas. Sin embargo, vas a tener que aplicar el mismo coraje, también, para abrazar tus verdaderos sentimientos y tachar esto de tu lista de 21 días, y cuando llegue el momento, encontrarás que es mucho más fácil de lo que piensas, especialmente porque has enfrentado tus verdaderos sentimientos.

Así que, para llevar a cabo esta tarea con éxito, necesitarás un diario. Podrías intentar usar tu teléfono o cualquier otro instrumento tecnológico que esté disponible. Sin embargo, al usarlo, resiste la tentación de usar emojis y emoticones para describir tus sentimientos. El hecho de tener esos personajes puede parecer lindo en tu diario y tal vez reduzca a la mitad el tiempo que te tomaría escribir articuladamente tus pensamientos, pero también reduce los beneficios que habrías disfrutado al realizar el proceso de la manera prescrita. Un truco que funcionó para mí fue tener dos diarios: uno para hacer una crónica de mis emociones en el calor del momento y el otro para cuando quisiera reflexionar sobre cómo me sentí acerca de mi ataque emocional anterior.

A continuación, necesitarías encontrar un momento de tranquilidad para hacer tu diario emocional. Podría ser en cualquier momento del día. Sólo elige un momento en el que puedas reunir tus pensamientos. El lugar puede no importar mucho mientras puedas sentarte en silencio sin que nada ni nadie interrumpa el proceso durante al menos 15 minutos. Si como yo, decides hacer la ruta del doble diario, te ahorrarás el tiempo de silencio para reflexionar sobre tus pensamientos. Cuando intentas escribir un diario en el calor de las cosas, necesitas salir de la situación y encontrar un espacio para ti mismo. No te contengas cuando estés escribiendo. Tus emociones en este momento pueden parecer feas, e instintivamente quieres negarlas, pero hablamos de los peligros de hacerlo en el último capítulo. Abraza lo que sientes y escribe tus sentimientos en términos simples pero honestos.

Ahora, no tienes que ser un poeta para liberar tus sentimientos. Aunque, si te encuentras con una lírica mientras escribes tus sentimientos, eso también está bien. No buscamos la perfección ni el próximo libro que gane el premio Pulitzer. Todo lo que tienes que hacer es ser honesto con lo que sientes. Si al final del día las palabras apenas cubrieron un cuarto de página o tal vez terminaste haciendo tres páginas, está bien. Lo que importa es que las palabras allí reflejen el verdadero estado de tu mente. Además, sospecho que si sigues así de forma consistente (es decir, escribiendo tus sentimientos), las palabras te llegarán mucho más fácilmente. Cada entrada del libro se volvería más voluminosa que la anterior.

La etapa final de este proceso es leer lo que has escrito. Para ello, tienes que renunciar al trono del juicio, ya que tenemos la tendencia a juzgarnos con demasiada dureza. Al mismo tiempo, tendrás que quitarte las gafas de color rosa que puedas llevar. La honestidad es una necesidad si estos pasos van a funcionar para ti. La objetividad es otro requisito. Puede que te enfrentes a sentimientos de vergüenza, culpa y asco cuando leas lo que sientes, especialmente cuando leas el diario escrito en el calor del momento. Deja que esos sentimientos te inunden, pero no dejes que guíen tus acciones hacia adelante. Y si te encuentras abrumado por esos sentimientos, es hora de dar el siguiente paso.

Día 3

Habla con alguien

Nuestra necesidad de interactuar con otros humanos a menudo nos obliga a saltarnos los dos primeros pasos y a ir directamente a esta etapa. Si tienes la suerte de tener amigos comprensivos que hacen todo lo posible por llegar a donde ti y te proporcionan soluciones prácticas. Como mínimo, te darán palabras que te reconfortan y te consuelan. El problema es que esto sólo proporciona un alivio muy temporal de la confusión emocional por la que estás pasando. Y lo más importante, hay una gran posibilidad de que la conversación que tuviste con ellos sea unilateral y no honesta. Esto no es culpa tuya.

Sin dar los dos primeros pasos que recomendamos, puede que ni siquiera seas consciente de lo que realmente sientes. Tus conversaciones sobre tus sentimientos rozarían la superficie de tus emociones sin explorarlas en toda su profundidad. Y sin llegar a la raíz del problema, tu amigo o en quien confíes sobre estas cosas puede no ser capaz de ofrecer una solución que tenga resultados duraderos. Es decir, a menos que hables con un terapeuta profesional que te ayude en tu camino a través de la maraña de emociones para llegar a la raíz de lo que estás pasando e incluso entonces, tendrás que hacer las dos cosas que mencionamos anteriormente. La única diferencia es que tu terapeuta te guiará a través de ello.

Sólo puedes obtener todos los beneficios de tener esta charla con alguien cuando te hayas acostumbrado a lo que sientes. Ahora, el propósito de este paso es obtener una opinión externa sobre tu estado emocional. Una vez más, esto no se trata de juzgar o buscar validación para lo que sientes. Se trata de ayudarte a superar esas emociones peligrosas y llegar a un lugar donde puedas experimentar los verdaderos placeres y alegrías de la vida. Así que, teniendo esto en cuenta, es igualmente importante que seas muy selectivo sobre a quién te acercas en esta fase. El hecho de que hayan sido tus amigos más cercanos durante años o que compartan sangre contigo no los califica automáticamente para ocupar este importante puesto.

Hay cualidades que deben poseer; y aunque aprecio tu decisión por buscar a alguien con quien hablar, debo subrayar que hablar con cualquiera podría resultar más perjudicial para tu ya frágil estado emocional. Recuerda, comenzamos este viaje para poner un tope a estas emociones que parecen estar tomando el control de tu vida. Buscar a alguien que sólo es capaz de poner una bendita en una herida de bala te llevaría a un estado de falsa seguridad, dejándote así caer más profundamente en ese agujero de gusano emocional. Así que, para evitar este escollo, sé diligente en la evaluación de la persona que buscas.

Para empezar, esta persona tiene que ser alguien a quien respetes y que te respete. Es importante establecer esto desde el principio porque vas a un lugar donde vas a ser completamente vulnerable a ellos. En su estado natural, una persona que no te respeta sólo sería capaz de ver los defectos y no el potencial de lo que podrías llegar a ser. Y una persona que sólo puede ver los defectos en ti no puede de ninguna manera ofrecer las respuestas que buscas o incluso la compañía que necesitas porque sólo amplificaría el problema.

La persona a la que vas tiene que ser capaz de mostrar empatía emocional. Es incluso mejor si eres consciente de que él o ella ha pasado por una situación similar y ha sido capaz de salir de ella. La empatía emocional les ayuda a conectar con el lugar de dónde vienes sin juzgarlo. La ausencia de esto resultaría en una charla llena de críticas y esta es una de las últimas cosas que necesitas. Eso no quiere decir que la persona que reparte esas críticas lo haga por malicia u odio. Él o ella simplemente no entiende tu perspectiva.

Otra cualidad que debe poseer la persona a la que te diriges es la honestidad. A menudo confiamos asuntos como estos en personas que sabemos que nos aman, pero es muy posible que el amor que sienten por ti les impida o les ciegue ser honestos contigo. De hecho, su reacción al escuchar lo que estás pasando podría ser atarte, envolverte en las más esponjosas nubes de algodón y luego ponerte en una burbuja sin dolor donde ya no tengas que pasar por las cosas que estás pasando, otra vez. Estas son buenas intenciones, pero no ayudan a promover tu bienestar mental.

En cambio, necesitas a alguien que se enfrente a esos demonios y sea sincero en su evaluación. Pero ten cuidado con la gente que es demasiado honesta. Y por ser demasiado honesta, me refiero a la gente que suelta la primera cosa que le viene a la cabeza sin pensar en el efecto que puede tener en ti. La honestidad desde un lugar de empatía emocional es lo que necesitas.

Finalmente, esta persona tiene que ser alguien que en algún nivel instintivo puedas sentir que tiene tu mejor interés en el corazón. Tienes que haber tenido algún tipo de relación con él o ella para establecer este hecho. Y esta relación tiene que estar basada en la confianza. Puede parecer que estás pidiendo mucho cuando buscas todas estas cualidades en una persona, pero ten en cuenta que tu bienestar emocional está en juego. Además, si prestas mucha atención, esa persona puede estar más cerca de lo que crees.

¿Quizás un consejero en tu grupo de la iglesia local, un amigo cercano que puedes haber conocido durante años o incluso un pariente mayor al que está estrechamente unido? En algunos casos, esta persona puede ser alguien con quien tienes una amistad pasajera. Mantén la mente abierta y si sientes que no hay nadie que coincida con ninguno de los criterios, adelante y programa una sesión con un terapeuta. Él o ella también está en una buena posición para ayudarte a dar sentido a lo que sientes, y siempre puedes esperar una solución práctica.

Día 4

Siente la música

Me refiero a esto literalmente. La música tiene un inmenso efecto terapéutico en tu salud mental y no mucha gente entiende este poder. Antes de entrar en cómo la música te ayuda a sentirte mejor, hagamos un viaje por el camino de la historia porque, al contrario de lo que piensas, la terapia musical no es un nuevo concepto hippy que acaba de surgir. Su uso y prevalencia se puede encontrar en la mitología griega e incluso en elementos de la antigua egiptología. El dios griego del sol supuestamente usaba la música como un conducto para la curación. Por lo tanto, se creía ampliamente que para que uno posea salud y sea curado, debe haber una armonía correspondiente en la música y lo que sucede cuando las cuerdas del símbolo de Apolo, la lira, está afinada. De manera similar, en la antigua cultura egipcia, Asclepio, que se cree que es el hijo de Apolo, aparentemente cura las dolencias mentales con la música.

Dejando el reino de los dioses míticos y sus poderes, veamos la presencia de la terapia musical en nuestra cultura. Los nativos americanos creen que, para una salud completa, tiene que haber un equilibrio de armonía entre la mente y el cuerpo. Cuando un miembro de la tribu se enferma, se cree que este equilibrio está fuera de lugar. Para facilitar la curación, el chamán o curandero nativo usaría una combinación de hierbas, pociones y música. La música utilizada suele ser una mezcla de una canción, una danza y una rutina de azar con instrumentos musicales, y se dice que esta música suele estar inspirada en visiones y sueños. Esto nos lleva a una de las épocas más deprimentes de la historia de la humanidad; la primera y la segunda guerra mundial. Más allá de los estragos físicos de la guerra, estas batallas tuvieron un fuerte impacto emocional en los soldados, y es comprensible. Se registró que aparte del personal médico asignado a tratar a los soldados enfermos, los músicos ofrecieron sus servicios en los hospitales. Fueron a realizar su oficio para los heridos, y se observó que los pacientes mostraron una respuesta positiva a estas actuaciones.

No estás en lo profundo de las trincheras luchando con armas contra un enemigo que también busca destruirte, pero las batallas que luchas en tu interior pueden pasarte factura emocionalmente de la misma manera. Y las bajas de esta batalla interna pueden no ser de la misma escala que una guerra mundial, pero tienes mucho que perder. En esencia, hay demasiado en juego para no tomar conocimiento de cualquier solución que se esté proponiendo. La musicoterapia moderna ha avanzado más allá de una rutina de canto y baile. Con los estudios que se han realizado sobre el tema, la práctica es mucho más deliberada y precisa en su aplicación. Pero antes de hablar de cómo funciona la musicoterapia y cómo puede ponerla en práctica en su situación, veamos cuáles son los beneficios de la musicoterapia.

Para empezar, te ayuda a redirigir tu enfoque de la confusión emocional que estás experimentando. Cuando escuchas música, te cautiva la armonía de los sonidos y esta experiencia sensorial te transporta a otro mundo en el que tus sentimientos o estado de ánimo actual se desenfocan. Esto puede inmediatamente o gradualmente incitarte a cambiar tu estado de ánimo. Con el tipo de música adecuado, eres capaz de dominar esas emociones negativas porque justo después de distraerte de tu dolor, eres llevado a un estado mental relajado. Es desde este lugar que puedes empezar a dejar entrar las emociones positivas. Puedes motivarte en áreas en las que antes sentías que no podías hacer frente. Y es desde este lugar que puedes empezar a alimentarte con imágenes positivas que contrarrestarán las imágenes negativas que tenías anteriormente.

Además de los beneficios psicológicos, la terapia musical también tiene un buen impacto en tu salud física. Cuando estás estresado y experimentas ansiedad en los niveles máximos o quizás estás en esa neblina de la ira de la que hablamos, tu presión sanguínea también sube. Y cuando tu presión sanguínea se eleva, tu respiración también se ve afectada. Escuchar música puede reducir tu presión arterial y ayudarte a regular tu respiración. Y esto es sólo la superficie. Incluir la musicoterapia como parte de tu rutina contribuirá en gran medida a mejorar tu salud mental.

La terapia musical es un aspecto de la terapia cognitivo conductual, ya que te ayuda a reemplazar esos patrones de comportamiento negativos que te han llevado por el camino hacia dónde estás ahora. Al reemplazar esos comportamientos o procesos de pensamiento negativos, puedes salir de la proverbial madriguera del conejo. Ahora, esta medida es un paso que estás dando hoy, pero como todo lo demás que he incluido en esta lista, requiere una práctica repetida para obtener los máximos resultados.

Sin embargo, no te apresures a ir a tu lista de reproducción sólo para escuchar tu música favorita. Todos respondemos a la música de manera diferente y aunque ciertos géneros musicales pueden resonar profundamente en ti, el efecto psicológico puede ser lo contrario de lo que esperas lograr. Por ejemplo, si quieres relajarte cuando te sientes enojado o ansioso, escuchar música rock no te ayudará a conseguirlo, ya que amplifica tus sentimientos de ira y aumenta tus niveles de incomodidad. Lo mismo sucede cuando tienes dolor. La música clásica, por otro lado, es conocida por tener un efecto calmante en la mente. Si escuchas canciones típicamente usadas en meditaciones, escuchas una combinación de elementos musicales suaves como campanas de viento, flautas y similares.

Pero eso no quiere decir que tus opciones se limiten a la música clásica y a los cantos de meditación. Ciertos audiolibros también podrían ser útiles, así como tus artistas favoritos. Cuando escuches música, observa cómo reaccionas. Esto puede darte una pista sobre qué tipo de música funcionaría mejor para ti. Si tus niveles de dolor, ansiedad y enojo disminuyen, estás escuchando lo correcto.

Día 5

Salir fuera de ti

Uno de los patrones de comportamiento clásicos que ayudan a nutrir y preparar un ambiente en el que prospera el pensamiento disfuncional es el acto del aislamiento. Esconderse de la gente y del mundo en general te hace más propenso a tener pensamientos negativos y básicamente a vivir dentro de tu cabeza. Puede que te digas a ti mismo que, bueno, si sales, porque vas a trabajar, dejas a los niños en la escuela, e incluso haces las compras. Pero, si eres honesto contigo mismo, esas acciones no cuentan necesariamente como "salir".

A mucha gente le gusta usar la excusa de que son introvertidos y se sienten más cómodos en su propio espacio y así sucesivamente. Esto es sólo eso... una excusa. Es muy posible ser un extrovertido que asiste a todas las fiestas del vecindario y tiene toneladas de amigos que aún se involucran en conductas que no son saludables y parte de la recomendación para cambiar esas conductas no saludables sería salir. "Salir" en este contexto es más que sólo prácticas rutinarias o tus interacciones con la gente. Lo que quiero decir aquí es que salgas de tu zona de confort.

Casi puedo oír a los grillos haciendo lo suyo en tu mente después de que hice esa última declaración y esperaba totalmente tu reacción porque es perfectamente natural. Cuando nos enfrentamos a situaciones altamente emocionales como estas, es instintivo querer apegarse a lo familiar para confortarnos. Pero es necesario equilibrar esta experiencia de comodidad con nuevas experiencias que te alimenten el proceso de pensamiento. La ira, la ansiedad, la depresión y los pensamientos negativos son emociones que se alimentan de tus experiencias, especialmente de las pasadas. Te impiden disfrutar de tu vida en su totalidad. Y cuando estás en este estado, te privas de las maravillosas aventuras de la vida dejándote retroceder a esas viejas experiencias que alimentan la negatividad... ¿Ves el patrón establecido aquí?

Es un ciclo que se repite y que no hace nada por tu bienestar. Y ya que se trata de reemplazar los viejos hábitos con los nuevos, puedes ver la necesidad de salir de tu zona de confort. La perspectiva de salir al mundo por tu cuenta puede ser aterradora y desalentadora. Pero si sigues pensando que el mundo es un gran lugar lleno de incógnitas, te seguirá dando miedo y no te veo salir con tu mente en ese estado. Además, esto no significa que debas pasar de 0 a 100 de repente para tener una nueva experiencia, ya que eso podría resultar contraproducente de maneras terribles. Digamos que tienes miedo a las arañas. Sin embargo, saltarse todos los pasos para enfrentar tus miedos y dirigirte directamente a un museo de arácnidos es una locura y no es aconsejable.

Salir fuera de ti se refiere a hacer cosas que están más en línea con tus intereses. Digamos que tienes un interés en las artes, entonces puedes asistir a una exposición de arte. Puedes llevar las cosas un paso más allá asistiendo a un evento de arte que promueva un cambio social. Ver a la gente tomar esta cosa que te interesa y usarla para provocar un cambio positivo puede ser el estímulo y la inspiración que necesitas para salir de tu cabeza. Si tu vida gira en torno al trabajo, sal de tu entorno laboral. De hecho, las actividades relacionadas con el trabajo deben evitarse en este marco de tiempo que has asignado para disfrutar de estas nuevas experiencias.

No tiene por qué ser algo grandioso. El paracaidismo es una aspiración, pero mantengamos los pies en la tierra. Sal a dar un paseo tranquilo por el vecindario. Detente y huele las flores (literal y figuradamente), observa el cambio de colores en tu vecindario. Sal a ver el amanecer y la puesta de sol, haz una caminata por la playa, ve a tu restaurante favorito y pide algo que nunca hayas comido antes. Detente y observa a los artistas callejeros hacer lo suyo, sé voluntario en una ONG, etc. Esto es lo que significa "salir". Si tienes la intención de hacer nuevos amigos, adelante, pero eso no es un requisito previo para este proceso.

Este proceso se trata simplemente de hacer cosas nuevas. Y si encuentras ciertas actividades nuevas más atractivas, ve adelante y repítelas. Busca cosas que te den alegría, no importa cuán pequeñas sean. Cosas que te hagan sentir relajado sin experimentar ninguno de los sentimientos que te trajeron a este punto en primer lugar. Sin embargo, ten cuidado con ciertas actividades. Por ejemplo, si la fuente de las emociones negativas que experimentas está relacionada con tu peso corporal, el abusar con la comida puede hacer que te sientas culpable al final. Y todos sabemos cómo se manifiesta el ciclo de la culpa. Acepta tu amor por la comida, pero sé consciente del efecto que los comportamientos alimenticios no saludables tendrían en tu peso y en tu salud en general. Y luego, siguiendo con el tema de llevar las cosas afuera, busca un programa nutricional que te permita comer las cosas que quieres, pero de una manera más saludable.

Ten un día de recompensa en el que te deleites con un plato delicado que sea sabroso pero que esté dentro de los límites de lo que se considera saludable. Es un equilibrio delicado, pero cuando se llega a él, se trata de dejar cada momento y disfrutarlo. Esto te da cosas más positivas en las que pensar. Ten en cuenta que algunas de estas experiencias pueden no resultar completamente positivas y esto está bien. Cuando eso suceda y te encuentres hundiéndote de nuevo en ese lugar oscuro, comienza en el primer paso y vuelve a este punto en el que estás listo para probar algo nuevo. Recuerda, ¡las nuevas experiencias crean nuevos pensamientos!

Día 6

Conviértete físicamente

Los ejercicios tienen tremendos beneficios para la salud y uno de esos beneficios es un aumento significativo de tu bienestar mental. Puede que lo hayas escuchado incesantemente porque es verdad. Estos beneficios se experimentan sin importar tu edad. El impacto de los ejercicios es particularmente útil para las personas que sufren de ansiedad, ira, depresión y pensamientos negativos. Y lo mejor de este consejo es que no tienes que convertirte de repente en un aficionado al fitness para cosechar los beneficios. No tienes que inscribirte en un gimnasio o equiparte de pies a cabeza con ropa deportiva. En esencia, simples ajustes en la forma de hacer ciertas actividades físicas son adecuados para causar un impacto.

Los ejercicios no consisten en correr 5k, hacer cien flexiones de pecho de una sola vez o hacer algún tipo de hazaña física impresionante. Aunque, si puedes hacer estas cosas, eso es bueno para ti. Va más allá de eso. Una corta sesión de entrenamiento de cinco minutos puede proporcionarte beneficios instantáneos. De hecho, se ha demostrado que las formas de depresión de leves a moderadas pueden ser tratadas con ejercicios. La efectividad de estos ejercicios en esta forma de depresión es similar a la de tomar medicamentos antidepresivos y lo mejor de todo es que no se producen los efectos secundarios asociados a los medicamentos. Cuando se trata de la ira y la ansiedad, siento que no hay que pensar en ello, ya que el ejercicio proporciona una salida para esas emociones. Escuchas a la gente decir cosas como que se van a desahogar. Esto es exactamente lo que los ejercicios hacen para emociones como estas.

Con cada movimiento de tu cuerpo, estás liberando la tensión interna que sientes: y para cuando terminas, lo peor de la tormenta ha pasado. Esta correlación se debe a que cuando haces ejercicio, el cuerpo libera endorfinas en tu cerebro. Las endorfinas también se conocen como las hormonas de la felicidad. Ayudan a que te relajes y a mejorar tu estado de ánimo. Además, no olvidemos la conexión mente-cuerpo de la que hablamos cuando analizamos la terapia musical. El ejercicio pone a tu cuerpo en línea con tu mente, por lo tanto, hace que te concentres. La combinación de todos estos beneficios da como resultado un estado mental general saludable.

Después de escuchar todas las cosas buenas que puede hacer el ejercicio puedo ver cómo quieres correr al gimnasio más cercano. Sin embargo, si no has hecho ejercicio físico por un tiempo, tal vez quieras empezar muy despacio. Esto le daría a tu cuerpo algo de tiempo para ajustarse al proceso. Podrías experimentar dolores musculares y corporales después del primer intento. Da pasos de bebé y deja que tu cuerpo te guíe.

Día 7

Date permiso para sanar

En mi experiencia, no importa cuán egoístas seamos en nuestras acciones o incluso en nuestro trato con los demás, somos más críticos cuando se trata de tratar con nosotros mismos. Incluso las personas que tienen la tendencia a pasar la culpa a cualquiera menos a sí mismos, se encuentran atrapados en un ciclo de autoodio. Y si no se controla, ese autodesprecio se convierte rápidamente en emociones oscuras que los paraliza y los ata a vivir una vida que sólo puede describirse como infernal. Esto es aún peor para las personas que tienden a ser complacientes con la gente. Debido a que su confianza está ligada a su capacidad de asegurar que todos a su alrededor sean felices, cada fracaso se convierte en un marcador rojo en su libro de cuentas psicológico y continúa hasta que sus cicatrices emocionales se desgarran, lo que causa un tremendo dolor psicológico. Y este dolor nos lleva a donde estamos hoy.

Una de las muchas pepitas de verdad en este libro es que es imposible complacer a todo el mundo. Incluso *tú no puedes complacerte* el 100% de las veces.

Aceptar esta verdad es vital para ayudarte con el tema de este capítulo. También debes tener en cuenta que el hecho de no complacer a alguien no disminuye tu valor o sentido de valor. Ahora que hemos sentado las bases de este capítulo, vamos a profundizar en lo que necesita hacer.

No tengo ni idea del dolor que has vivido hasta hoy. No conozco las batallas emocionales y la guerra psicológica que se libra en tu interior. He tenido mi justa parte de dolor: y mientras que puedes ser capaz de empatizar con mi dolor y viceversa, es seguro decir que nuestras cicatrices son diferentes. El dolor es una parte de la existencia humana. En algún momento, te sentirás herido, perderás a alguien que te importa profundamente y sentirás un dolor agudo que no tiene nada que ver con tu persona física. Pero junto con ese dolor, te acompaña la perspectiva de la curación. Es la forma en que la vida mantiene el equilibrio.

Cuando se produce una cicatriz física, casi inmediatamente, se activa el proceso de curación. Puede que todavía sientas el dolor durante unas horas, días o semanas, dependiendo de la extensión de la lesión. Pero esto no niega el hecho de que la curación está ocurriendo en algún lugar debajo de todo. Sin embargo, hay ciertas cosas que podrían retrasar o detener completamente el proceso de curación. Si la herida no es limpiada y tratada adecuadamente, podría infectarse y empeorar el estado de la herida. En algunos casos, sería necesario cubrir la herida para protegerla de elementos externos que podrían contaminarla y desencadenar una infección. En el caso de las heridas que son muy complicadas, es posible que tengas que buscar opciones médicas profesionales para facilitar la curación. Todos estos procesos se aplican también a las lesiones psicológicas.

Cuando se sufre un trauma psicológico, la onda expansiva del dolor y otras emociones elementales como el miedo, la ira y la tristeza te alertan de esto. Estas emociones primarias pueden ser experimentadas durante horas, días o semanas y, como las lesiones físicas de las que hablamos, la duración dependerá de la extensión del trauma. Muchos de nosotros tenemos una tendencia a frustrarnos en este punto y ¿quién puede culparte? Emociones como estas te obligan a revivir los momentos previos y durante el trauma y cada repetición es peor que el evento real que ocurrió. Si estás en esta fase, es hora de reducir cualquier actividad o proceso de pensamiento en el que te involucres que alimente el hábito de bloquear tus sentimientos. Piensa en ello como si estuvieras limpiando la herida por así decirlo. Cuando quieres limpiar y desinfectar una herida física, las posibilidades son que te duela. Pero si te saltas ese proceso porque quieres evitar la herida, dejas una puerta abierta a las infecciones y todos sabemos cómo terminaría eso.

Acepta que el dolor es necesario para la curación. Acepta que no vas a volver a sentirte "normal" de la noche a la mañana. Acepta que lo que ha sucedido es completamente trágico e injusto y que no puedes cambiarlo. Cuando te hayas abierto a esto, hay cosas que no debes hacer para asegurarte de que estas aceptaciones mantengan la puerta abierta para la curación. Es tentador querer saltar al futuro donde tu dolor se vuelve completamente entumecido o una pulsación sorda, por lo menos. No lo hagas. Al menos no hoy. Concéntrate en el ahora mismo. Mira el progreso que has hecho en los últimos días. Reconoce los éxitos que has alcanzado.

Esto ayuda a afirmar el hecho de que tienes el control de estas emociones y no al revés. Puede que te hayan pasado cosas, pero ahora has elegido que te pasen cosas. Si te enfrentas a imágenes, palabras o acontecimientos que te recuerdan el trauma que acabas de vivir y tu experiencia emocional te lleva a la zona cero donde sientes que estás reviviendo todo de nuevo, resiste el impulso de cuestionar tu progreso. Es como hurgar en el área alrededor de la herida cada 5 minutos y preguntarse por qué todavía sientes el dolor. Necesitas tiempo para sanar y necesitas darte permiso para hacer eso.

Cada uno tiene su propio ritmo de curación, sin importar la extensión del trauma. Lo que es importante para ti es dejar de lado tus expectativas de tu línea de tiempo de curación y centrarte en el progreso que estás haciendo. Puede ser bastante frustrante porque a veces es difícil ver lo lejos que hemos llegado; pero en realidad, cada paso que das en este viaje te lleva más lejos de la oscuridad que amenaza en tu interior. Sólo tienes que recordarte a ti mismo que la persona que eres hoy es mejor que la persona que eras ayer.

En el caso de las heridas profundas y dolorosas, la curación comienza en el interior, en lugares que no podemos ver, pero a medida que pasa el tiempo, se empieza a notar la diferencia en la superficie. La misma filosofía se aplica aquí. Sé paciente y mantente fiel al proceso.

Día 8

Empieza a soñar despierto de nuevo

¿Recuerdas aquellos días mucho antes de que la oscuridad se apoderara de tu mente y de tu vida? ¿tiempo en el que te sentabas y soñabas con una vida alternativa que te hiciera mejor a ti y a todos esos elementos de la vida que no puedes precisar exactamente? Pero de alguna manera, ellos te completan. ¿Recuerdas cómo te quedabas en esos sueños y tenías una sonrisa tonta en tu cara? Esos fueron los buenos tiempos, ¿verdad? Esos sueños se han convertido en algo relegado al fondo de tu mente o al final de tu lista de cosas por hacer por la edad adulta y las experiencias traicioneras de la vida. Pueden parecer reliquias de un pasado que ya no quieres reconocer. Tal vez, simbolizan tus fracasos o te recuerdan lo tonto que fuiste alguna vez.

Pero lo creas o no, esa tontería es exactamente lo que necesitas ahora. Parte de la raíz del trauma emocional que estás experimentando es el hecho de que has elegido centrarte en las experiencias desagradables que has tenido. Algunos de nosotros damos la excusa de "ser real". Bajo el disfraz de ser realistas, nos privamos de los simples placeres de las ensoñaciones y elegimos en su lugar alinear nuestros pensamientos con constantes recordatorios de la oscuridad de nuestros traumas. Este comportamiento nos atrapa en un ciclo interminable de penumbra y depresión.

Cuando se habla de sueños, la gente piensa en el escapismo. Una forma poco fiable de desconectarse de las responsabilidades del presente y sumergirse en un mundo que no existe. Y no podemos descartar estas preocupaciones. Mucha gente ha sido llevada por el camino equivocado con sus sueños y fantasías, así que harías bien en ser precavido. Sin embargo, la mayoría de los creativos, inventores e innovadores aprovechan el poder de las ensoñaciones para renovar su sentido de propósito, motivarse y desarrollar nuevas soluciones. Puede que tu no estés en ninguna de estas tres categorías, pero vamos a utilizar las técnicas que estos pioneros utilizaron para llegar a la siguiente etapa de este proceso.

Para los creadores e innovadores, el uso de visualizaciones y ensoñaciones proporciona una hoja de ruta hacia donde quieren ir o lo que esperan lograr estableciendo un tono de aspiración. Por ejemplo, una novelista visualizaría los personajes de su libro en detalle. Estos detalles suelen ser tan vívidos que, al final, este personaje completamente ficticio tiene un cumpleaños, peculiaridades de su personalidad y otros atributos que cuando habla de ellos en su libro, se hace casi difícil determinar si esos personajes nunca existieron en primer lugar. Hoy, vas a hacer lo mismo. Por supuesto, habrá algunas diferencias cuando veas cómo la novelista escribe sus historias, pero el objetivo será el mismo.

En lugar de pensar que es una fantasía, acércate a ella mientras reescribes tu historia. Ve a ese momento que más te duele o traumatiza. Es un viaje doloroso, pero es necesario. Ahora cuando llegues a ese momento, en lugar de repetir el papel de víctima, sé más asertivo. Esta es tu imaginación en el trabajo, estás en completo control de ello. Así que, recupera el poder que te fue arrebatado. Esto no altera la realidad física de lo que ha sucedido, pero el impacto de este proceso en tu psique es tremendamente beneficioso. Y estos beneficios pueden extenderse a los aspectos físicos de tu vida. Si estás buscando más razones para empezar a soñar despierto hoy, aquí hay algunas:

1. Los psicólogos creen que estas ensoñaciones de volver a soñar, como se les llama a menudo, tienen el poder de proporcionar tanto alivio como liberación cuando se está tratando activamente de resolver

cuestiones de ira, culpa y frustración por una experiencia emocional traumática. Esencialmente, te ayudan a desahogarte.

2. Soñar despierto es una forma de autohipnosis, aunque en una capacidad muy diminuta. Si se canaliza correctamente, puede utilizarse para cambiar la percepción sobre ciertos escenarios. De hecho, es tan poderoso que puedes integrarlo para alterar los patrones de comportamiento que sientes o estás muy seguro de que tiene un efecto adverso en tu salud mental. Para un programa que busca ayudarte a transformar tu vida en sólo 21 días, esto es muy importante.

3. Complacerse en sueños puede hacerte más feliz como persona. Este enfoque se debe a que, a través de la realidad alternativa que has creado, eres capaz de visualizar lo que quieres y si esos sueños están enraizados en semillas positivas, te inspiras con una esperanza renovada. Con el tiempo, esta esperanza alimentaría un entusiasmo por la vida que eventualmente te sacará de cualquier depresión.

Estos beneficios están seleccionados específicamente para ti, pero hay mucho más que soñar despierto, que lo que he enumerado aquí. Si al volver a visitar el evento que te traumatizó te sientes abrumado, podrías tratar de enfocarte en el tipo de futuro que querrías para ti mismo. Por ejemplo, podrías tratar de imaginar escenarios que te molesten y enojen. Digamos un altercado con un colega en el trabajo. Ahora, intenta en la medida de lo posible no jugar un escenario de venganza en el que te dotes de esta fuerza sobrehumana que te permite defenderte físicamente, detener al colega ofensor en su camino y, al mismo tiempo, impresionar al resto de tus compañeros de trabajo.

Este tipo de fantasía puede dejarte temporalmente bien, pero no corrige el tipo de comportamientos que te meten en problemas, en primer lugar. El enfoque de la fantasía debe estar en un comportamiento específico. Digamos que tienes una tendencia a recostarte cuando estás siendo atacado. ¿Quizás te has convencido a ti mismo de que este comportamiento ayuda a mantener la paz? En la superficie, lo que esto hace es asegurar que evites meterte en altercados o situaciones que te hagan desagradar más a la gente. Esto te dejaría con sentimientos no resueltos de ira, vergüenza y, si no se controlan, depresión.

Lo ideal sería que soñaras con un escenario en el que hablaras por ti mismo. Al principio, te sentirías aliviado y luego, con una práctica constante, llegarías al punto en que te armarías lo suficiente de valor como para hablar en escenarios de la vida real. Y ese, querido lector, es el punto del proceso para conseguir que tomes un papel más activo en la transformación de tu vida. Tu imaginación y tus pensamientos han contribuido en gran medida a tu confusión emocional. Hoy, estás tomando las riendas, redirigiendo tus pensamientos a un camino más positivo y esgrimiendo el poder de los pensamientos en la transformación de tu vida. Me estoy emocionando sólo de pensar en las grandes cosas que puedes lograr desde aquí.

Día 9

Crear una lista de gratitud

Esto es bastante sencillo, pero el impacto en nuestras vidas es tremendo. Verás, la base de los pensamientos negativos que nos mueven en la dirección equivocada emocionalmente es nuestro enfoque en las cosas que sentimos que deberíamos tener, pero no lo tenemos. Estas cosas no siempre son materiales. Podría ser el amor y la atención completa de una pareja, el trabajo ideal que no te quita mucho dinero y mucho tiempo de vacaciones y la lista continúa. A veces, puede ser algo tan simple como escuchar a la persona que te ha hecho tanto daño ofrecerte una disculpa sincera y genuina.

Nos centramos tanto en estas cosas que queremos tener que, a pesar de las cosas que tenemos, nos volvemos impotentes e incapaces de seguir adelante porque hemos asociado nuestro sentido del valor con lo que no tenemos. Sin ese trabajo, no puedes ser un proveedor competente para tu familia, sin esa disculpa no puedes seguir adelante con tu vida, sin la atención de tu cónyuge, te sientes no querido y no deseado. Así que justificamos nuestro estado emocional negativo con la ausencia de estas cosas que anhelamos. Sé que no puedes ver esto ahora, pero mientras estés vivo, estás parado en el precipicio de grandes y maravillosas posibilidades cada día que estás despierto.

La felicidad está en tu puerta. Todo lo que tienes que hacer es abrir esa puerta. Sin embargo, cuando continúas pensando en los que no tienes y te valoras en consecuencia, te cierras a cualquier oportunidad que puedas tener de ser feliz. Si eres del tipo espiritual, tus oraciones se convierten en un bucle interminable de peticiones de aquellas cosas que deseas y cuando no las tienes, te decepcionas. Y cuando esto sucede a diario, te acabas de comprar un billete de ida a Depression-Ville.

Si has dado cada paso de este viaje hasta ahora, descubrirás un patrón común. Una verdad que es obvia pero que no muchos ven. El hecho de que el poder de cambiar todo esto está en ti. Tú tienes la llave. No es el trabajo que buscas lo que va a cambiar tu vida. El dinero que se paga proporcionaría algunas experiencias sorprendentes y tal vez hacer la vida un poco más fácil de manejar, pero puedo garantizar que incluso si se te ofrece este trabajo en los próximos tres segundos, tu felicidad no durará más allá del primer cheque de pago. Y esto es porque el trabajo es sólo un arreglo rápido, como una tirita para una herida quirúrgica. La fuente genuina de felicidad que puede llevarte por la vida está en ti y, afortunadamente, esto es algo que ya tienes.

Casi puedo oír los cambios de marcha en tu cabeza. "¿Yo?", probablemente te preguntes. Bueno, la respuesta es un rotundo sí. Tu felicidad está en ti. De nuevo, no nos distraigamos con los que no tienes. Pero tengo una barriga, tengo sobrepeso, si tan sólo fuera más delgado, etcétera. Eso es irrelevante. He tenido el privilegio de conocer a gente increíble que quedó completamente incapacitada por dolencias físicas debilitantes y, sin embargo, incluso en su estado de parálisis, fue capaz de encontrar la alegría y la felicidad. Su alegría era tan contagiosa que en el momento en que uno se presentaba ante ellos, no podía evitar ser infectado por ella. Así que, lo que sea que vayas a decir es sólo una excusa. Y tienes que dejar de poner excusas. ¡Eres más que eso!

En lugar de centrarte en los que no tienes, intenta ser más consciente de lo que tienes. Puedo entender e incluso empatizar con las tragedias que has tenido que sobrevivir en tu vida, pero ya hemos pasado esas dificultades. Han sucedido o pueden estar sucediendo. Hay muchas cosas buenas que suceden en tu vida todos los días si sabes dónde buscar. Una cosa que nos ayuda a orientarnos en la dirección correcta es la lista de gratitud. Como mencioné antes, esto es bastante sencillo. Es simplemente una lista de cosas por las que estás agradecido cada día.

Los artículos de tu lista de gratitud no tienen que ser grandes. Y tampoco tienen que ser mundanos. Deben ser cosas por las que estés genuinamente agradecido. No tienes que buscar demasiado lejos para estas cosas. Tengo esta maceta de flores amarillas en mi jardín. Tengo una mezcla de flores en ella y cuando ha florecido, ilumina todo el espacio. Incluso cuando las flores no están florecidas, esta maceta estrafalaria es un rasgo llamativo que me levanta el ánimo cuando la veo. Esta maceta siempre está en mi lista de gratitud. Mi jardín y los momentos que paso allí serían definitivamente más aburridos sin ella. Otra cosa que está en mi lista si la veo es un amanecer. No importa si es un espectacular amanecer digno de Instagram o sólo esta luz brillante que se asoma gradualmente al cielo, siempre me conmueve cuando lo veo. Es como ver el nacimiento del día.

Estas son sólo algunas muestras de lo que llega a mi lista. Por supuesto, es mucho más extenso que eso. Pero ya sea una sonrisa de un extraño, una palmadita en la espalda o el hecho de que hayas podido completar una tarea, siempre y cuando hayas obtenido algún tipo de alegría de ella, no importa cuán pequeña sea, debería abrirse camino hasta tu lista de gratitud. No importa cuán sombría sea tu situación, busca esos pequeños rayos de luz y grábalos. Antes de empezar tu lista, necesitas conseguir el tipo de diario adecuado. No tiene que ser grande y elegante, pero debe ser lo suficientemente estimulante visualmente como para que te entusiasme llenar sus páginas con las cosas por las que te sientes agradecido. Puedes tomar un diario soso y personalizarlo. Cuanto más personal te parezca el diario, más posibilidades tendrás de usarlo con frecuencia.

Cuando hayas comprado el diario, reserva una hora específica del día para hacer tu entrada en el diario, haz un ritual de ello si quieres. Me gusta hacerlo al final del día en la piscina mientras disfruto de mi cigarro [es un hábito caro, pero es uno de mis pocos placeres]. Elije un momento en el que te sientas más relajado y menos distraído. Apaga el teléfono, toma un postre favorito cerca, pon música. Básicamente, cualquier cosa que te ponga en un buen lugar. Luego haz tu entrada. No entres en pánico si no puedes llenar una página en tu primera entrada. Puede que lleve un tiempo adquirir el hábito, pero sigue haciéndolo. La consistencia es la clave. Y antes de que te convenzas de no hacer nada, aguanta y busca profundamente. Hay un montón de cosas que puedes apreciar. Sólo tienes que mirar de cerca.

Día 10

Medita

Para alguien que ha vivido en su cabeza por un tiempo, la idea de pasar más tiempo allí dentro puede no parecer la solución ideal, especialmente dada la situación negativa de las cosas allí arriba. Pero, para avanzar a la siguiente etapa, la meditación es una parte necesaria del proceso. Creo que los conceptos erróneos que la gente tiene sobre la meditación se basan en lo que los medios de comunicación nos dan. Escuchamos la meditación y pensamos en imágenes de una persona vestida de blanco y sentada en un lugar con una buena vista del sol, al son de los cánticos de los cristales que claman en algún lugar del fondo.

La meditación es más que los rituales que los entusiastas de la nueva era han usado para vender la idea al resto del mundo. Es una combinación de técnicas de control de la respiración que nos ayudan a canalizar conscientemente nuestros pensamientos internos y a regular la marea de nuestras emociones, llevándonos a un lugar en el que estamos completamente relajados, concentrados y en control. El objetivo de este ejercicio no es el control, aunque es un resultado deseable. El objetivo final es la concentración.

Cuando estás en un estado altamente emocional, eres atraído en un millón de direcciones diferentes. Te pierdes en el mar de emociones que experimentas y no puedes concentrarte en lo que es importante. Estar en este estado puede causar que tomes acciones que no tienen ningún beneficio valioso para ti. La meditación te saca de este borde de confusión creando lo que me gusta pensar como una tubería imaginaria que permite que esas emociones se filtren y luego te lleva a un punto cero emocional donde puedes empezar a aislar la causa del problema antes de reaccionar a él objetivamente. Eres capaz de hacer todo esto con la respiración guiada entre otras técnicas que se incluirán a medida que avances.

Los beneficios mentales de la meditación son infinitos, pero me quedo con los que realmente destacan en el contexto de su situación actual:

1. Es eficaz para sacar las emociones negativas que afectan a tu vida diaria.

2. Te permite identificar las verdades reales de tu situación.

3. Te ayuda a mantenerte más organizado.

4. Te impide tomar decisiones irracionales en el momento más álgido de tu confusión emocional.

5. Te ofrece más control sobre las emociones como la ira y la depresión

6. Te permite hacer frente a las secuelas emocionales de eventos extremadamente traumáticos.

7. Mejora la claridad mental.

La meditación no es sólo la moda del momento. Se pueden encontrar elementos de ella en casi cualquier religión, así que no tienes que preocuparte por imbuirte de culturas extranjeras que puedan violar tus propias creencias personales. La meditación puede ser un ritual activo para los budistas, hindúes y otros, pero todos podemos beneficiarnos de su uso. La diferencia es cómo seguimos en ella. Algunas personas requieren cantos, incienso, velas encendidas y un traje específico para hacerlo, pero puedes cosechar todos los beneficios de la meditación sin tener que pasar por esos rituales. Todo lo que necesitas es un lugar tranquilo que te permita calmar tus pensamientos y concentrarte en tu respiración.

La meditación tampoco está determinada por la hora del día. No es necesario el amanecer o el atardecer, ni siquiera la hora del día en que el sol está en su apogeo. Lo que necesitas es la hora del día en la que puedes oír tu propia voz más fuerte. Si eres soltero, vives solo y trabajas desde casa, tienes todo el tiempo del mundo para ti. Para los casados con hijos, determinar la hora exacta puede ser un poco más difícil. Justo antes de que todos en la casa se despierten y empiece el día, puede ser el momento perfecto. La casa está tranquila y las actividades necesarias para que las cosas vayan bien pueden esperar unos minutos más. Usa este tiempo para meditar. Algunas personas pueden preferir el final del día cuando todo está dicho y hecho y todo el mundo se ha arrastrado a la cama para descansar por la noche. El único problema que veo con esto es que puede que estés demasiado agotado para entrar realmente en modo de meditación.

Tengo un amigo que es un padre de familia. Jura que su tiempo de meditación perfecto es entre las 10 y las 11. Todos han salido de la casa, las tareas básicas están hechas e incluso ha hecho una rápida comprobación de esos importantes correos electrónicos. Así que, en lugar de usar ese tiempo para seguir con el resto de sus tareas o trabajo, él medita. Esto sólo ilustra que el mejor momento del día no depende de la hora o de la dirección del sol.

Ahora que has ordenado tu tiempo de meditación, lo siguiente es establecer el tono para ello. A algunas personas les gusta la luz brillante, de ahí la importancia del sol para ellas. A mí también me gustan las luces, pero cuando son demasiado brillantes, me distraen. En cambio, lo que hago es correr las cortinas, apagar todas las luces y sacar una vela. Me gustan las perfumadas porque me relajan, yo y la luz de la vela me ayuda a centrar mis pensamientos. Si estás en el trabajo, tal vez quieras hacer tu meditación alrededor de la hora de la comida, cuando las cosas generalmente se retrasan y la gente generalmente sale a comer.

Lo siguiente que hay que considerar es la duración de la meditación. Una hora, 30 minutos, diez minutos... Ninguna cantidad de tiempo es demasiado larga o demasiado corta. Siempre que no interfiera con tu rutina regular y se haga bien. Para un principiante o una persona muy ocupada, puedes empezar con 5 minutos al día. A medida que comiences a cosechar los beneficios, puedes aumentar ese límite de tiempo a lo que te convenga. Sólo asegúrate de que estás aprovechando al máximo tu tiempo. Después de elegir la hora ideal del día que te funcione, el siguiente paso es elegir un lugar. Una vez más, no se requiere nada grande. Puedes hacerlo en tu cama. Sólo asegúrate de que sea un espacio despejado que ofrezca un poco de privacidad.

A continuación, elige una posición de meditación. Puedes elegir entre acostarte, sentarte o adoptar la postura de meditación más tradicional si te sientes más cómodo con ella. La mayoría de la gente tiene dificultades para pasar a la siguiente parte que esencialmente implica sentarse por un período sin pensar. Hay cintas y aplicaciones de meditación para ayudarte con eso. O puedes simplemente encender una vela y fijar tu mirada en ella. Deja que todos tus pensamientos y sentimientos se dirijan a la vela. Haz esto de forma consistente durante unos días y empezarás a experimentar una mente libre de desorden, incluso si es sólo por unos minutos al día.

Día 11

Presta atención a tu dieta

Hay un dicho popular, eres lo que comes. Muchos entusiastas y expertos del fitness lo han traducido para dar a entender que tu salud física está determinada por lo que comes. Aunque esto es cierto, las cosas son mucho más profundas que eso. Tu dieta es fundamental para tu bienestar emocional y mental. Hay estudios que han indicado que las personas que siguen una dieta rica en vegetales, frutas, frijoles, pescado, así como grasas insaturadas como el aceite de oliva, tienen menos tendencia a sufrir de depresión. Esta investigación apenas cubre la superficie de lo que podría ser un enfoque revolucionario para resolver los problemas mentales.

Por supuesto, sería inexacto sugerir que cualquier problema de salud mental y emocional que tengamos es un resultado directo del tipo de comida que comemos, no podemos desdeñar el importante papel que juega nuestra comida en la contribución a nuestro estado mental. Hay situaciones en las que las personas desarrollan una relación poco saludable con su comida. Hay una razón por la que ciertos alimentos son etiquetados como alimentos reconfortantes. Alimentan nuestras necesidades emocionales en ese momento. Cuando experimentamos ciertas emociones, nos apoyamos en estos alimentos reconfortantes para ayudarnos a sentirnos mejor. Muchos, estos llamados alimentos reconfortantes no son 100% saludables en primer lugar. Atiborrarse de ellos en un intento de alterar nuestro estado emocional negativo sólo amplificaría el efecto negativo que estos alimentos tendrían. Y es esta dependencia emocional poco saludable de los alimentos lo que ha causado graves complicaciones de salud para algunas personas.

La adicción a la comida puede resultar en obesidad, alta presión sanguínea, diabetes e incluso enfermedades del corazón. Las personas que luchan con la adicción a la comida también se encuentran luchando con la falta de confianza, la depresión y la baja autoestima y esta batalla los lanza al ciclo continuo que comienza con una mala salud emocional y luego conduce a los malos hábitos alimenticios que causan complicaciones de salud y luego los lleva de vuelta a la salud emocional negativa. La adicción a la comida ocurre de dos maneras: los que se alimentan en exceso de estos alimentos reconfortantes y luego los que obtienen su placer de no comer en absoluto.

Si has leído revistas de salud física y artículos relacionados con la alimentación, es probable que te hayas encontrado con la palabra "anoréxico", que se refiere a un trastorno de la alimentación que hace que las personas sean súper conscientes de su peso y de lo que comen. Este es el extremo de lo que les pido que hagan hoy. Y la razón por la que estoy profundizando en esto es porque la gente tiene la tendencia a reemplazar un hábito poco saludable por otro hábito poco o nada saludable. Así que si digo que prestes atención a lo que comes, es muy posible que para escapar de tu confusión emocional, te fijes en el papel que juega la comida en tu bienestar mental y posiblemente lleves las cosas al extremo.

Para evitar eso, he decidido educarte sobre lo que podría salir mal si te encuentras llevando las cosas al extremo. En los casos de anorexia, las personas que la padecen se mantienen con muy poca comida en su intento de mantener su peso o hacen lo que generalmente se conoce como un atracón-purga en el que consumen mucha comida y luego se obligan a eliminar inmediatamente la comida de su sistema ya sea metiéndose las manos en la garganta para hacerlos vomitar o tomando laxantes. Esta forma de relación de alimentos no saludables también lleva a complicaciones de salud que pueden ser fatales. Los que sufren también quedan atrapados en un ciclo similar al que hablamos antes.

Ahora bien, aunque no pertenezcas a ninguno de los dos grupos, es importante que empieces a pensar más en la comida que comes. En lugar de comer para sobrevivir, haz tu misión el comer para prosperar. Prestar atención a lo que comes requiere que seas más consciente de lo que comes y cuándo lo comes. También significa comer el tipo de comida que es mejor para ti. Por ejemplo, si tienes una condición médica como la diabetes, hay ciertos alimentos que simplemente están fuera de los límites para ti. En otras palabras, lo que constituye como saludable para otra persona puede no ser adecuado para ti.

Por lo tanto, para iniciar este proceso, revisa tus registros de salud recientes y si no los tienes, ahora sería un buen momento para hablar con tu proveedor de atención médica. Conoce tu estado de salud actual y discute tus opciones con tu médico. No cometas el error de ponerte a la moda de las dietas sin consultar adecuadamente a tu médico. Aunque tus intenciones sean buenas, el resultado podría ser poco beneficioso para tu cuerpo. Si se te da un certificado de buena salud, la mejor dieta que puedes seguir es una dieta equilibrada.

Una dieta equilibrada asegura que se obtiene la cantidad correcta de todos los nutrientes que se necesitan y que se obtienen esos nutrientes en las proporciones diarias correctas. Si ya estás en una dieta restrictiva como la vegetariana, tendrás que trabajar duro para asegurarte de que compensas los aspectos de tu dieta que faltan. Completa la proteína que falta en tu dieta. La carne roja tiene sus beneficios, pero no significa que, si no comes carne roja, no puedas disfrutar de esos méritos.

Si eliges la ruta de la dieta, como la Whole 30, que se centra en eliminar ciertos alimentos de tu dieta durante todo un mes y luego reintroducirlos más tarde, o tal vez tu nutricionista te recomienda la dieta DASH [acrónimo de Dietary Approaches to Stop Hypertension (enfoques dietéticos para detener la hipertensión)], que es una dieta sin sal, es importante que tu dieta incluya frutas y verduras. Son vitales para tu bienestar físico y emocional. Tomar un papel activo en el control de lo que entra en tu cuerpo puede darte un buen impulso de confianza. Sin embargo, ten cuidado cuando establezcas el listón de tus expectativas de resultados. No esperes transformarte en el tamaño perfecto del cuerpo después de cada comida o suponer que tu estado de salud cambiará drásticamente de la noche a la mañana.

El objetivo no es transformar tu cuerpo, sino cultivar hábitos alimenticios saludables que te sirvan a largo plazo. Sin embargo, esto no debe impedir que disfrutes de los beneficios cuando lleguen. Además, no tengas miedo de dejar una dieta si notas que el efecto que tiene en ti está afectando negativamente a tu salud. Aunque algunas dietas pueden presumir de tener grandes beneficios para la salud, no garantizan exactamente que vayan a ser las adecuadas para ti. Debes estar abierto a explorar dietas, comienza con las que te recomiende tu médico o nutricionista. Lo más probable es que encuentres la mejor dieta para ti en sus listas. Y lo más importante, diviértete con tus comidas. Estar a dieta no es necesariamente aburrido.

Día 12

Desarrolla tu propio mantra

Si eres un ávido seguidor del hinduismo o del budismo, probablemente estés familiarizado con la palabra "mantra". Esencialmente, un mantra se compone de palabras o sonidos que se repiten durante la meditación para ayudarte a concentrarte. El largo y prolongado sonido "ohm" es uno de los mantras de meditación más populares. Los mantras son una parte muy importante de la rutina de la meditación. Sin embargo, para esta tarea hoy en día, el mantra adquiere un significado diferente, ya que no estoy hablando realmente de la meditación. El mantra al que me refiero tiene más que ver con la formación de tu vida y tu mentalidad en esta fase. Y hoy, tú y yo vamos a trabajar para que descubras tu mantra de poder.

Cuando se crea una empresa, una de las cosas en las que hay que trabajar es en la marca. Esto ayuda a tus clientes a identificarte en el mar de opciones disponibles para ellos. Mucho del trabajo que se hace en la creación de una empresa se centra más en el aspecto estético. Estas empresas se esfuerzan por influir en la opinión del mercado sobre ellas con la ayuda de los logotipos, los colores de la marca, así como las fuentes utilizadas en todos sus materiales de marketing. Sin embargo, el elemento que realmente define el funcionamiento de la empresa es el lema de la organización. En la misma línea, la ropa que se usa, la forma en que se lleva el peinado y todas las cosas físicas son sólo aspectos de la marca personal.

Puedes usar tu estilo para influir en la percepción que la gente tiene de ti. Pero lo que realmente define cómo interactúas con la gente, reaccionas a las situaciones y generalmente te comportas está fuertemente influenciado por tus creencias personales. Cuando escuchamos creencias, empezamos a pensar en la religión y la cultura. Y para ser honesto, nuestra religión y costumbres influyen fuertemente en nuestro comportamiento, pero piensa en esto por un segundo. Si nuestras creencias estuvieran realmente enraizadas en nuestra religión y cultura, hay una posibilidad muy fuerte de que las personas que comparten las mismas costumbres sean más como réplicas de una fábrica que los individuos únicos que somos.

El factor diferenciador para nosotros es en lo que creemos personalmente. Y aunque todavía no le hayas dado una definición, el hecho es que tienes un mantra. Cuando no haces el esfuerzo consciente de elegir el mantra que te define, la vida y todo lo demás que te pasa, tomará esa decisión por ti. Y esta es una de las razones por las que mucha gente está atrapada en un ciclo emocional destructivo. Hay un dicho popular que dice que, si no defiendes algo, caerás en todo. Hoy en día, tienes que tomar el paso audaz de definirte. Los errores que cometiste en el pasado, los fracasos que estás viviendo en el presente, así como tus miedos y preocupaciones por el futuro son aspectos de las decisiones que tomas que te han afectado o te afectarán. Pero no te definen.

En el capítulo anterior, hablamos de la frase "eres lo que comes". Al igual que la estética, esta premisa influye en un aspecto de ti. Los mantras son como tu alimento mental. Y porque sabemos cuán fuertemente la mente influye en nuestro comportamiento, esto es un gran caso para elegir definirte a ti mismo. Y ahora que hemos establecido eso, tenemos que ir al siguiente paso que es seleccionar el mantra.

Los mantras en este contexto podrían ser cualquier cosa, desde una cita favorita de una celebridad hasta algo sacado de tu filósofo griego antiguo favorito. Elijas lo que elijas, no caigas en ese tipo de cita socialmente moderna sólo porque creas que la gente pensaría que es genial. Como con todo lo que tiene que ver con tu bienestar emocional, la decisión final depende de ti. Desde el momento en que naciste, hay varias voces que compiten por un espacio en tu cabeza. Estas voces te dicen cómo hacer las cosas, cómo vivir tu vida y básicamente cómo existir.

Ahora es tu oportunidad para crear y entrometerte en tu propia voz. Deja que esta voz se arraigue en tu interior y ahogue cualquier otro sistema de creencias o voces que te hayan sujetado. El mantra debe resonar con tus pensamientos y deseos más íntimos. Así es como puedes decir que estás en el camino correcto. No tiene que ser "profundo". Pero debe ser algo que cada vez que escuches o digas las palabras, cambie tu semblante para mejor. Algo tan simple como "eres poderoso" puede ser todo lo que necesites para reunir tu confianza.

También puedes tener un mantra para diferentes situaciones. Por ejemplo, si vas a hacer una presentación en el trabajo o si tienes que hablar frente a una multitud, puedes elegir un mantra que te dé el coraje de dar un paso adelante y ser dueño del escenario que te dan. Para los momentos en que estás experimentando algunos bajos emocionales que son muy comunes si estás combatiendo cualquiera de las emociones negativas de las que hablamos al principio, puedes encontrar mantras que te darán el poder de mantener la oscuridad a raya.

Cuando encuentras el mantra correcto, lo siguiente que puedes pensar es en la frecuencia con la que tendrías que decir esas palabras para que tengan algún efecto. La única respuesta correcta a esa pregunta es "tan a menudo como lo necesites". "Un viejo amigo mío solía decir siempre, "la motivación es como un baño: lo necesitas cada vez que te ensucias". Y estoy de acuerdo con él al 100%. Tu mantra no va a ser una palabra de una sola vez que sólo dices, chasqueas los dedos y todo cae en su lugar. Desearía que hubiera una palabra o frase así, pero hasta que esa palabra no sea descubierta o inventada, vas a tener que hacer tu propio condicionamiento de comportamiento cada vez que creas que lo necesitas.

Di las palabras con convicción. Repítelas en secuencia si es necesario, pero asegúrate de que estás arraigado en estas palabras todos los días. A medida que evolucionas, es posible que tengas que asumir nuevos mantras. Pero siempre debes tener ese mantra que te define sin importar qué. Encuentra esas palabras, habla esas palabras, posee esas palabras y conviértete en esas palabras. Te llevaría un tiempo llegar allí, pero por hoy, ¡acabemos con activar el vencedor interior dentro de ti con tus propias palabras!

Día 13

Practica la respiración profunda

La respiración es una de esas actividades reflexivas que damos por sentado todos los días. Cuando nace un bebé sano, su primera reacción instintiva es llenar sus pulmones de aire simplemente inhalando y la misma respiración que exhala, libera su primer llanto. La respiración es un aspecto que caracteriza nuestra naturaleza, pero nunca nos damos cuenta de su importancia hasta que llega un momento en que nuestra respiración se ve comprometida. Ahora, no te asustes porque sé que la apertura de esta introducción suena como un preludio a una advertencia del día del juicio final. Al contrario, lo que intento decir es que hay más en la respiración que simplemente inhalar oxígeno y expulsar dióxido de carbono.

Antes hablamos de los beneficios de la meditación y de cómo podemos usarla para influir positivamente en nuestra salud emocional, y una de las cosas que la gente usa para canalizar su atención durante la meditación es su respiración. Esto aquí es llevar las cosas al siguiente nivel. Mientras que el concepto de respiración profunda puede sonar como una de esas tonterías de la nueva era, la verdad es que esto es algo que ha existido desde hace tiempo. El uso de la respiración profunda en la medicina moderna se remonta a los años 70. Sin embargo, mi investigación revela que esto ha existido por mucho más tiempo.

Antes de que consideres la respiración profunda como una tontería, he aquí algunos de los maravillosos beneficios de ella:

1. Te ayuda a desestresarte llenando tu cuerpo de oxígeno y luego haciendo que tu ritmo cardíaco vuelva a la normalidad cuando tus niveles de ansiedad estén por las nubes.

2. Juega un papel en la desintoxicación de tu cuerpo usando esas respiraciones profundas para hacer que tus órganos y sistemas sean más eficientes en la eliminación de toxinas del cuerpo.

3. En los días en que tus niveles de energía bajan en la escala, puedes usar la respiración relajada para darte un impulso de energía.

4. Puedes darle a tu corazón un buen entrenamiento cuando haces esos ejercicios de respiración profunda.

5. Puedes regular tu peso y quemar grasa con una respiración relajada y profunda.

Con este tipo de beneficios, te preguntarías por qué la gente no habla de esto tanto como debería. Lo más probable es que hayan estado hablando de esto. Simplemente no han estado prestando atención. Como nuestro objetivo es que cambies tus hábitos para mejorar tu bienestar emocional, vamos a aprovechar los beneficios emocionales de la respiración profunda.

El estrés es una de las experiencias de la vida de la que no podemos escapar. La fuente de estrés para cada uno es diferente, así como nuestro nivel de tolerancia al estrés. Sin embargo, cuando el estrés se desencadena en nuestros cuerpos, nuestras reacciones biológicas y emocionales son similares. La reacción física al estrés puede variar desde dolores de cabeza hasta una drástica disminución del deseo sexual. Emocionalmente, podrías experimentar ansiedad y arrebatos de ira. Algunas personas se vuelven retraídas cuando están bajo estrés y esto puede llevar a la depresión.

No podemos detener el estrés. Viene con el territorio de la vida. Pero, puedes detener las emociones adversas que suelen ser un subproducto del estrés en tu camino. La respiración normal para la mayoría de los adultos suele ser una respiración superficial que no pasa por el pecho. La respiración profunda llega hasta el abdomen. No tiene un efecto estético agradable ya que le da un aspecto de pez globo con la barriga hinchada y todo. Pero esta es la única manera en que puedes sacar el máximo provecho de tu respiración. Cuando se está en un estado emocional elevado debido al estrés, en lugar de reaccionar a esas emociones, puedes reducirlas a límites razonables.

Así que, la próxima vez que sientas una burbuja de rabia y quieras soltarla arremetiendo contra la persona o cosa más cercana, toma un profundo trago de aire y luego déjalo salir lentamente. Concéntrate en tu respiración cuando hagas esto. Cuando estamos molestos, tomamos respiraciones más cortas y esto limita el rango de movimiento del diafragma causando una restricción de aire oxigenado a las partes bajas de los pulmones. La manifestación física de esto es la ansiedad. La respiración profunda te ayuda a cultivar una respuesta saludable al estrés. Una de las respuestas más saludables al estrés se llama "respuesta de relajación". "

Según la revista de Harvard a la que se hizo referencia para la investigación sobre este tema, la respuesta de relajación es un estado de profundo descanso. Se sabe que las meditaciones, el yoga, así como los encantamientos repetitivos o las oraciones inducen esta respuesta de relajación. Otra forma simple pero efectiva de iniciar esta respuesta es la respiración profunda. Al concentrarte en tu respiración, puedes guiarte para liberar tus emociones de tus pensamientos y entrar en un estado de descanso profundo.

Respirar profundamente suena bastante sencillo, pero hay más que sólo tomar bocanadas de aire. Para hacerlo bien, lo primero que hay que hacer es alejarse inmediatamente de la fuente del estrés. Incluso si está en un lugar de trabajo, distánciate del trabajo estresante o del compañero de trabajo estresado. Puedes estar tentado de reaccionar inmediatamente, pero eso sólo va a empeorar la situación. En su lugar, encuentra un espacio tranquilo y aislado, como lo harías si fueras a meditar. Busca un buen lugar para sentarte o acostarte. Estar de espaldas es preferible, pero aun así puedes obtener buenos resultados si te sientas.

Cuando esté en posición, respira normalmente. Luego, inhala lentamente por la nariz y deja que tu pecho y la parte inferior de tu vientre se eleven mientras lo haces. Esto llena tus pulmones de aire. Luego, exhala lentamente por la boca. Mantente concentrado en tu respiración y repítelo hasta que empieces a sentir que la tensión se te escapa lentamente del cuerpo. Una vez que hayas practicado y clavado esta técnica de respiración, iníciala cada vez que te sientas estresado de alguna manera. Conseguir que te calmes al borde de un reventón es un hábito que a la larga dará sus frutos.

Aunque hay muchos beneficios en esto, hay una desventaja. Si tienes antecedentes de problemas respiratorios, debes hablar con tu médico sobre esto ya que puede causar complicaciones en situaciones no supervisadas.

Día 14

Gana maestría sobre tus emociones

En los días previos a tu segunda semana en este viaje para recuperar tu vida, estoy muy seguro de que has sido equipado con el conocimiento que asegura que ahora puedes distinguir con precisión tus emociones. Y si has seguido religiosamente los pasos diarios que se han enumerado hasta ahora, tienes un manejo justo de tus emociones. El ejercicio que hiciste ayer es sobre el aprendizaje para tener vuestras emociones bajo control. Hoy, me gustaría empujarte a llevar las cosas más lejos. En lugar de sólo poner una tapa a tus emociones, puedes dominarlas.

Las emociones de las que hablamos al principio, la ira, la depresión, el miedo y la ansiedad son emociones intensas que pueden amenazar con abrumarte cuando se experimentan en su punto álgido. Lo que has estado practicando hasta ahora actúa como un arrecife de barrera que impide que la ola de emociones se estrelle y te destruya completamente. Otra cosa que abordamos con estas emociones es que tienen un lado positivo. La ira sirve para envalentonarte, para defender tu derecho y lo

93

que crees. La ansiedad y el miedo son tus mecanismos instintivos de defensa para protegerte cuando estás amenazado, mientras que la depresión y la tristeza te ayudan a sobrellevar la pérdida.

Dejar de lado estas emociones comprometería tu total bienestar porque sin ellas, te haces extremadamente vulnerable. Conflictos, crisis, calamidades y caos son cosas que todos experimentaremos más de una vez en nuestras vidas. Estas emociones son parte de la vida. Y estas emociones negativas están ahí para ayudarte a navegar a través de ese tipo de situaciones. Por lo tanto, hacer retroceder esas emociones sólo te sirve temporalmente. En las primeras etapas de este viaje, era más importante construir tus cimientos mentales y emocionales antes de dejar entrar las emociones oscuras. Ahora, estás listo para enfrentarte a tu demonio por así decirlo.

En este capítulo, abordaremos cada emoción discutida en los primeros 5 capítulos de este libro y luego veremos cómo puedes canalizar tu reacción a ellas para servirte mejor. A diferencia del Hulk verde de los famosos comics de Marvel, no intentamos encerrar al "monstruo". Oh no. Queremos que el monstruo entre en tu mundo. Sólo que tú serás el que esté en el asiento del conductor. No te preocupes por perder el control. Esto es algo que puede empezar un poco difícil para ti, pero con práctica y consistencia, es ciertamente algo que puedes hacer.

Ira

Cualquiera que haya reaccionado a su ira en un ataque de ira sabrá que la ira puede ser bastante venenosa. Su efecto tanto en la persona que está enojada como en la que recibe esa ira puede compararse al de un huracán. Se sabe que rompe relaciones, derriba imperios y conduce a guerras entre naciones. Pero ¿sabías también que puede inspirar la creatividad? Algunos de los más grandes movimientos que alteraron el curso de la humanidad fueron inspirados por la ira.

En otras palabras, la ira puede ser usada para tu ventaja. La próxima vez que sientas rabia, usa las técnicas que has aprendido hasta ahora, haz que las burbujas violentas se reduzcan a un suave hervor y luego haz lo siguiente;

1. Llega a la raíz de la ira. No reacciones al aguijón. Reacciona a la causa de la picadura en su lugar. De esta manera, obtendrás resultados más positivos.

2. Elije tus batallas con cuidado. Cuando estás enojado, algo que valoras ha sido violado. A menudo, esas cosas son menores y no vale la pena molestarse por ellas. Así que, sólo respira e ignora. A su vez, conservas energía para las cosas que importan.

3. Hazte cargo de tus sentimientos. Barrer las cosas bajo la alfombra para presentar una fachada de calma puede llevar a una erupción de rabia de proporciones volcánicas en algún lugar del camino. Como mínimo, admite que estás enfadado y busca formas constructivas de expresar tus sentimientos.

Ansiedad

El miedo activa tus instintos de supervivencia. Es la forma que tiene tu cuerpo de decirte que quiere vivir. Los expertos nos dicen que, sin la cantidad adecuada de ansiedad, hay una gran posibilidad de que seamos complacientes en la forma en que vivimos nuestras vidas. Una falta total de ella nos haría volvernos imprudentes en nuestro trato. El instinto de mirar antes de saltar estaría ausente y así nos encontraríamos constantemente en situaciones que comprometen nuestro bienestar emocional y físico.

Por otro lado, demasiado de esto puede paralizarnos completamente. Nos volveríamos paranoicos sobre todo y nos volveríamos incapaces de disfrutar de las alegrías más simples de la vida. Para dominar la ansiedad, primero debes abrazar lo positivo que te aporta. Ahora bien, tanto si tus miedos son reales como imaginarios, nunca debes dejar que te cierren. En lugar de reaccionar a tu miedo, actúa sobre él. Toma una decisión consciente de hacer algo.

Depresión

Esta emoción te obliga a reflexionar sobre tu dolor. Existe la opinión general de que nada positivo puede salir de tus reflexiones cuando estás deprimido. Por el contrario, hay psicólogos que creen que esto podría ser bueno para ti. Esto se debe a que, en la tristeza, estás en mejor posición para analizar lo que es realmente importante para ti que en un estado mental más feliz.

Teniendo esto en cuenta, puedes usar tu tristeza para poner el cuerno en las cosas importantes de tu vida haciendo las preguntas correctas. La pregunta habitual de la fiesta de autocompasión de "¿por qué yo?" no cuenta. Usar preguntas que impliquen "qué" y "cómo" puede ayudarte a determinar el problema, así como a desarrollar soluciones para ellos.

Pensamientos negativos

Esto se aplica a todo en cada una de estas tres emociones. El lado positivo de los pensamientos negativos es que pone en primer plano tus imperfecciones. Puede que nos guste pensar que somos perfectos, pero por desgracia, somos humanos. Vivir en esos pensamientos negativos es de donde viene el daño. En cambio, abraza aquellas cosas que no te gustan de ti mismo. Mejóralas si puedes. Pero no dejes que eso sea el foco de tus pensamientos. Cambia tu perspectiva sobre esas emociones que te persiguen y entonces podrás reescribir la narración. Así es como se gana el dominio sobre tus emociones hoy en día.

Día 15

Aumentar las cosas con nuevas técnicas de relajación

Hasta ahora, has practicado la meditación para aclarar tu mente, la respiración profunda para inducir una respuesta de relajación, y has adoptado una nueva perspectiva sobre esas emociones que una vez estuvieron colgando sobre ti como nubes oscuras. En consecuencia, estas técnicas te han dado una nueva oportunidad en la vida, pero el viaje está lejos de terminar. Aunque lo que estás haciendo puede ofrecerte algún alivio a corto plazo, necesitas lo que yo llamo "inyecciones de refuerzo" para que puedas llegar a largo plazo. Hasta este momento, hemos estado tratando con las cosas que colorearon tu pasado y activaron esas emociones. Ahora, tenemos que empezar a trabajar en los hábitos que te fortificarán contra lo que pueda pasar en el futuro.

Puede que tengas un ejército de psíquicos que pueden predecir el futuro para ti, pero sabemos que esas predicciones no ofrecen una certeza absoluta. Son sólo posibilidades, una serie de eventos que pueden o no suceder. La única certeza en la vida es el cambio. Las cosas siempre están cambiando. Las circunstancias siempre evolucionarán. Las cosas pueden parecer malas ahora, pero mejorarán y luego, en algún lugar del futuro, volverán a empeorar. Por supuesto, las situaciones podrían no repetirse nunca. Pero, tienes que prepararte porque se te presentarán nuevos desafíos. Los cuentos de hadas de nuestros libros siempre terminan con historias de vivir felices para siempre, pero la vida real tiene una versión diferente.

Las incertidumbres sobre el futuro no deben obligarte a vivir con miedo al mañana. Ese tipo de comportamiento es lo que te metió en este lío. Lo correcto sería equiparte con conocimientos y hábitos que te construyan emocionalmente para que, cuando llegue el momento, seas más capaz de lidiar con las situaciones y no vuelvas a caer en el ciclo destructivo del que ya hemos hablado. Desafortunadamente, no hay hechizos o pociones que nos puedan llevar rápidamente a individuos emocionalmente estables. Pero todo eso es parte de la diversión. Dicen que no se trata del destino, sino del viaje. ¡En este caso, el proceso que te lleva a convertirte en alguien más y mejor es vital!

Hay muchas técnicas de relajación que se practican en diferentes partes del mundo. Algunas de ellas han existido durante siglos y tal vez sólo se están descubriendo debido a que el mundo se está convirtiendo gradualmente en un lugar pequeño. Lo que esto nos dice es que la humanidad siempre se ha preocupado por su bienestar emocional. Su fuente de ansiedad puede haber sido diferente de las experiencias que tenemos hoy en día, pero la amenaza permanece. Hubo un tiempo en que la forma más eficiente de tratar los traumas emocionales podría haber implicado pastillas y un viaje a la silla eléctrica. Afortunadamente, esos tiempos han cambiado. A través de la integración cultural, ahora estamos siendo dotados con el conocimiento de cómo podemos manejar nuestras emociones y forzarnos a relajarnos en un mundo que parece funcionar en constante frenesí.

Hay varias técnicas de relajación adicionales por ahí, y te animo a que las explores. Sin embargo, nuestro enfoque para el ejercicio de hoy va a ser el yoga.

Yoga

El yoga se trata de encontrar el equilibrio y la serenidad. A través de una serie de ejercicios de respiración y movimiento corporal, puedes hacer que tu mente y tu cuerpo descansen conscientemente. Más allá de relajarte, si te encuentras en una rutina energética que típicamente ocurre al final de un largo y duro día, el yoga puede relajar tus nervios y dejarte sintiéndote revigorizado.

El yoga tiene diferentes poses que ofrecen beneficios específicos. Y porque nuestro objetivo es ayudar a nuestras mentes y cuerpos a relajarse, vamos a ver 5 poses que sirven a este propósito.

1. La Pose del Niño también conocida como Balasana

En esta postura, descansas el pecho y el abdomen sobre las rodillas/muslos con los pies estirados detrás de ti y las manos delante de ti. Deja que tu frente toque la estera. Esta postura fortalece tu respiración y tiene un efecto calmante. Recuerda hacerlo con el estómago vacío.

2. La Posa Reclinada de Peces también conocida como Supta Matsyendrasana

Aquí te tumbas de espaldas con los brazos extendidos a ambos lados a la altura de los hombros. Con una pierna estirada delante de ti, cruza la otra pierna sobre la estirada moviendo sólo la cadera y esa pierna. Gira tu cara en la dirección opuesta a la pierna cruzada y mantén la posición durante 30-60 segundos.

3. Las posición de las patas de la pared también conocida como Viparita Karani

Como su nombre indica, esta postura requiere que coloques ambas piernas en la pared mientras estás acostado en el suelo con los brazos estirados a cada lado a la altura de los hombros. Además de relajarte, funciona como una forma muy suave de antidepresivo. Normalmente es mejor para las mañanas.

4. La postura del cadáver, también conocida como Savasana

Dejando de lado los pensamientos morbosos, acuéstate de espaldas con los brazos y piernas separados. Quédate quieto y concéntrate en la respiración. Esta postura es simple pero muy efectiva para inducir el descanso. Es genial para después del entrenamiento ya que alivia los músculos doloridos y ayuda a estimular la circulación de la sangre.

5. La Pose de ángulo límite también conocida como Supta Baddha Konasana

De espaldas, levanta las manos por encima de la cabeza. Deja que el dorso de tus manos toque el suelo y deja que tus pulgares e índices se conecten. Y luego dobla las piernas hasta que tus pies se enfrenten y se toquen. Mantén esta postura durante 30-60 segundos. Esta postura mantiene a raya los dolores de cabeza, los ataques de pánico y la fatiga muscular. También es útil para bajar la presión arterial.

Todas estas son poses de principiante y son bastante sencillas de hacer. A medida que creces, puedes extender el período de tiempo y tal vez explorar poses de yoga más avanzadas que ofrecen los mismos beneficios. Mientras estás en cada pose, también puedes hacer tus ejercicios de respiración profunda para aprovechar al máximo las cosas. Esto amplificaría los resultados que obtienes. También ten en cuenta que esto no es algo que se haga de una sola vez. Es algo que debes practicar y sentirte cómodo haciendo casi todos los días. Mientras lo haces, también puedes investigar otras técnicas de relajación como el Taichi. Cada información que adquieras y practiques puede servir para construir una base más fuerte para tu bienestar emocional.

Día 16

Reflexionar sobre la experiencia

Hay un concepto erróneo general sobre la comunicación. Asumimos que las personas más difíciles de comunicar son los demás, como en las personas de nuestra vida. Pero en el verdadero sentido de las cosas, la comunicación con nosotros mismos es lo que encontramos más difícil. Esto se debe a que cuando se trata de nosotros mismos, generalmente falta la objetividad. Si alguien que no sea nosotros pasara por circunstancias similares a las nuestras y se nos llamara a intervenir, probablemente estaríamos en el punto de mira con nuestra evaluación emocional de la situación y tal vez incluso ofreceríamos soluciones procesables. Pero cuando se trata de nosotros, o corremos en círculos o, peor aún, nos estrellamos contra paredes de ladrillo.

Esto se debe a que a menudo carecemos de la objetividad necesaria para ver las cosas como son porque estamos nublados por nuestros propios sentimientos y emociones. Para ser objetivo, necesitas cambiar tu perspectiva y eso sólo puede suceder con la autorreflexión. Ahora la autorreflexión es muy diferente de simplemente sentarse a pensar en la situación. Pensar en una situación te arrastra más profundamente en el laberinto de tus emociones. La autorreflexión, por otro lado, analiza y aplica a propósito una solución práctica. En otras palabras, es una forma de autoevaluación. Este es un lugar en el que llegas a ser 100% honesto contigo mismo.

En el pasado, has necesitado echar la culpa a otros para poder asegurar el día. Para avanzar, ese tipo de pensamiento ya no puede aplicarse. Ya sea que las culpas asignadas a las diferentes personas estén justificadas o no, es importante que reconozcas tu papel en el evento. Ten en cuenta que tampoco se trata de asignarte la culpa a ti mismo. Ese barco ha zarpado. Se trata de reflexionar sobre el proceso que te ha llevado a este punto, volver sobre tus pasos, reclamar tu poder y redefinir el impacto que esta experiencia tendrá en ti. No nos damos cuenta de lo poderosa que es nuestra mente, pero todo eso está a punto de cambiar hoy.

Cuando uno autorreflexiona sobre una experiencia, no vuelve al pasado como víctima o como vencedor. No estás tratando de crear y luego vender una narración que sientes que pacificará tus emociones heridas. Estás revisando este pasado como un observador y nada más. Sí, has vivido con el dolor y sí, llevas las cicatrices, pero no estás obligado a aferrarte a ellas. Revisa el momento o evento en el que piensas que lo perdiste todo, traza los pasos que te llevaron a ese evento y luego sigue lo que pasó después del evento hasta dónde estás hoy. De nuevo, intenta no pensar en las preguntas del "por qué". Es más difícil obtener las respuestas a esas preguntas si hay otras personas involucradas. Sin embargo, si este evento en sí mismo es algo que puedes clasificar como autoinfligido, entonces puedes intentar analizar por qué lo hiciste.

Ahora, teniendo en cuenta que no puedes cambiar lo que ha sucedido, tendrías que aceptar la situación tal cual es antes de pasar al siguiente conjunto de preguntas que se centrarían en cómo podrías haber hecho las cosas de manera diferente. El propósito de esta línea de preguntas es determinar cómo puedes evitar situaciones como esa en el futuro. Esto evitaría que repitieras el mismo error. Tengo que enfatizar aquí de nuevo que este no es el momento de hacer valer las culpas. Reconocer tu papel en el evento y luego asignar las culpas son dos cosas diferentes. Una prepara el camino para la redención, mientras que la segunda genera culpa y autodestrucción.

Durante esta fase, evalúa tus fortalezas y tus debilidades. Este tipo de conocimiento te permite hacer los cambios correctos y relevantes que necesitas. Con este conocimiento recién adquirido de ti mismo, si alguna vez te enfrentas a circunstancias similares, hay una gran posibilidad de que tomes mejores decisiones. Y lo hermoso de estas elecciones que harás posteriormente es que no están enraizadas en el miedo o cualquier otra emoción negativa. Sino que se están haciendo objetivamente, lo que significaría que los resultados serían beneficiosos a largo plazo. Las lecciones adquiridas educarán los pasos que darás en el futuro.

Ahora que has hecho tu autoevaluación en relación con la experiencia, puedes reducir el impacto que la experiencia tendría sobre ti. Permíteme usar un ejemplo práctico aquí. Conozco a alguien que ha estado en una relación durante casi 13 años. Se conocieron en sus primeros años de universidad y mantuvieron esa relación hasta que entraron en el mercado laboral. Llamaré a la señora "Laura" porque es la que conozco. Para Laura, esta relación fue la primera y única en su momento. Y como habían estado juntos por tanto tiempo, ella asumió que esta unión la haría feliz para siempre. Construyó sus esperanzas y sueños alrededor de esta relación sólo para que su príncipe azul terminara abruptamente en lo que habría sido su décimo tercer año juntos. Pueden imaginar lo devastada que estaba Laura.

Durante meses, sufrió de depresión y ataques de pánico.

Conocí a Laura durante este tiempo, y empezamos a trabajar en cambiar las cosas. Cuando llegamos a este punto, Laura notó su miedo a sacudir el barco en una relación y cómo eso le impedía hacer las preguntas correctas que le hubieran ahorrado tiempo y dolor. En lugar de subirse al carro de "todos los hombres son escoria". Su autoevaluación la ayudó a abrirse a nuevas perspectivas de relación e informó las decisiones que tomó de cara al futuro. Se tomó un año para salir con ella misma y al año siguiente, se involucró con un tipo bastante decente. Hoy en día, está casada y viviendo sus nuevos sueños. La lección moral aquí no es que haya encontrado la felicidad. Fueron las elecciones deliberadas que pudo hacer gracias a su evaluación objetiva de su experiencia. Así que hoy, coge un bolígrafo y un libro y ve por el camino de los recuerdos también.

Día 17

Concéntrate en lo bueno

¿Recuerdas la lista de gratitud que empezaste hace unos días? Bueno, ahora estamos a punto de intensificar las cosas. Supongo que es seguro decir que puede que hayas oído o te hayas encontrado con la expresión "vaso medio lleno". Se usa para ilustrar cómo es una perspectiva positiva y una perspectiva negativa de la vida. Dicen que la persona optimista siempre miraría un vaso que tiene un líquido y que está medio lleno en la parte superior, mientras que el pesimista miraría el mismo vaso como medio vacío. Todo se reduce a la perspectiva. La perspectiva que tenemos sobre la vida en gran medida determinaría nuestras experiencias.

Contrariamente a lo que pensamos, nuestra perspectiva de la vida no es ni genética ni hereditaria. Es una elección que hacemos y que tenemos que hacer continuamente. A veces, las experiencias de la vida nos condicionan para pensar y reaccionar de una cierta manera. Si has vivido un montón de experiencias negativas, es bastante comprensible que empieces a desarrollar el temor de que algún tipo de fatalidad o tragedia te esté esperando en cada esquina. Sin embargo, incluso en situaciones como estas, puedes tomar la decisión de ver las cosas a través de una lente más brillante. Ser optimista es el objetivo, pero eso no es algo que vaya a suceder durante el fin de semana. Comienza con un pequeño, pero muy significativo paso... ¡ver lo bueno en todo!

Los realistas pueden luchar con esto más que los pesimistas porque los realistas tienden a centrarse en cosas más grandes. Un realista no se impresiona tanto por el centavo que encuentra en el suelo porque piensa que podría alimentar su miedo a engañarse a sí mismo. El sol que se asoma por debajo de las oscuras nubes de aspecto enojado no es suficiente para darles la esperanza de que las lluvias se han evitado. Esas nubes oscuras tendrían que desaparecer antes de que se les ocurriera pensar en la esperanza. Ya sea que seas pesimista, realista u optimista, tienes que empezar a entrenarte para ver lo bueno, no importa cuán pequeño sea.

Sólo para aclarar las cosas, esto no quiere decir que debas ignorar las cosas malas o ser displicente con ellas. Se trata de obtener una perspectiva equilibrada. En cada situación, siempre hay un resquicio de esperanza. A veces es más difícil encontrar ese arco iris en medio de la tormenta, pero si sigues en ello, te garantizo que lo encontrarás. Cuando estaba haciendo este viaje durante un período muy doloroso de mi vida, solía alimentar mi "buena vista" con clichés comunes de Internet. Al principio, sonaban realmente terribles y poco útiles, pero a medida que los repetía, empecé a notar cambios positivos en la forma en que veía esto. Traigo esta experiencia a colación porque ver las cosas buenas no siempre se trata de la vista. Fue en la forma en que reaccioné a las cosas, así como en la forma en que percibí las situaciones.

Centrarse en las cosas buenas de tu vida es un intento deliberado de recuperar la esperanza en una situación que te lleva a la desesperación y hay muy pocas cosas tan poderosas como eso. Otra forma efectiva de centrarse en lo bueno es redefinir lo negativo. Por ejemplo, si la ira es un problema con el que estás luchando, en lugar de aferrarte a la etiqueta negativa que caracteriza tales comportamientos, date un giro positivo en las cosas. Elije en cambio verte a ti mismo como una persona intensamente apasionada por las cosas que le importan y, que, en este momento, está tratando de averiguar cómo expresar constructivamente su pasión de manera que todos los que le rodean puedan beneficiarse de ella. Esto no es autonegación. Sino que es una forma más productiva de ayudarte a recuperar tu esperanza y motivarte para hacer los cambios pertinentes.

Se realizó un estudio sobre el tema del resquicio de esperanza y se descubrió que el 90% de las personas que pudieron convencerse de que sus rasgos negativos eran fortalezas estaban más motivadas para trabajar más duro para alcanzar los atributos positivos de esas fortalezas. Esto de aquí es ciencia. Como dije antes, es increíble lo que eres capaz de lograr cuando te lo propones.

Un tema que he repetido a lo largo de este libro es el hecho de que hay que aceptar la situación tal como es. No puedes retroceder en el tiempo para cambiar lo que ha sucedido, pero puedes llegar al futuro para cambiar cómo te afectará ahora. Para hacer esto, necesitas hacer algunas proyecciones. ¿Qué te gustaría ver que ocurra? ¿Cuáles son las cosas de tu situación que, si cambiaran, te harían más feliz y te harían sentir más agradecido por la vida? Ahora imagínate en el futuro con esas cosas y el resultado que has proyectado. Con esto en mente, vuelve al presente. Ahora, pregúntate, ¿cuáles son las cosas que crees que puedes hacer ahora que te darían el resultado que deseas? Crea un plan que te lleve a ese punto, escríbelo en palabras claras y concisas y luego sigue adelante. Esta es otra forma de centrarse en lo bueno.

Estos pequeños pensamientos de bien te ayudan a redirigir tu enfoque y te dan algo que esperar.

Cuando sentimos que no tenemos nada por lo que vivir, la oscuridad y la negatividad se apoderan de nosotros y nos llevan al abismo. Esta no tiene que ser tu historia. Ya sea que te estés redefiniendo, alcanzando el futuro o simplemente alimentando tu "buena vista", tienes que tomar activamente la decisión de permanecer en la luz todos los días. El futuro es incierto, pero cuando te envuelves en positivismo, no hay casi ninguna montaña que no puedas escalar para llegar a tu destino. Es hora de dejar que las cosas te sucedan. Levántate y empieza a sucederle a las cosas que te rodean. Es fácil encogerse de hombros y decir que la vida pasó, pero no lo hagas. Mírate en el espejo, encoge los hombros y di "pasó" en su lugar.

Día 18

Desarraigar las fuentes negativas

Hay una parábola cristiana acerca de un granjero sembrando sus semillas. Algunas de estas semillas cayeron en un suelo duro, por lo que se quemaron por el sol y no pudieron crecer. Algunas cayeron en suelo fértil y por supuesto crecieron, florecieron y dieron frutos. Y luego tienes las semillas que cayeron entre arbustos espinosos. El granjero intentó hacerlas crecer, pero los arbustos y las espinas les ahogaron la vida y se marchitaron y murieron. Tratar de ser optimista cuando estás rodeado de negatividad es como plantar semillas entre espinas y arbustos. La negatividad ahogaría la vida de la pequeña luz y la esperanza que has tratado de esculpir para ti mismo dejándote con la oscuridad.

Pero como todo lo demás, esto también es una elección. Has tomado el paso audaz de redefinirte a ti mismo y a tu propósito en la vida. Ahora tendrás que dar un paso aún más audaz para deshacerte de cualquier cosa que traiga negatividad a tu vida y a veces eso incluye a las personas. Es curioso cómo algunos de estos tipos de personas negativas en nuestras vidas se convencen a sí mismos de que sólo están diciendo la verdad. Usan clichés como "la verdad duele" o "la verdad siempre es amarga" para justificar las cosas malas que te dicen. Algunas personas ni siquiera vienen directamente con las palabras mezquinas. Usan comentarios sarcásticos y declaraciones indirectas para despistarte. Hoy en día, todo eso termina.

No es tu trabajo tratar de averiguar de dónde viene su amargura (es mejor que creas que tienen una fuente), pero te debes a ti mismo el cuidarte primero. Así que, si tienes personalidades tóxicas en tu vida, vas a tener que eliminarlas o por lo menos dejar de prestar atención a sus voces. Es muy importante que tomes un enfoque muy vicioso para eliminar a las personas negativas de tu vida porque la cantidad de energía necesaria para desmantelar el impacto negativo de las palabras tóxicas es más del triple de la energía necesaria para que desarrolles un nuevo hábito positivo. Si eliges tolerar ese tipo de personas en nombre de mantener las amistades, te encontrarás gastando energía en deshacer el daño que hacen diariamente en lugar de vivir tu vida. Y encima de todo, no son las únicas voces negativas que tendrás que silenciar.

La segunda fuente negativa en nuestras vidas se encuentra generalmente dentro de uno mismo.

Cuando has luchado con situaciones que comprometieron tu confianza y te dejaron emocionalmente maltrecho, despierta una voz interior. La voz de la duda. Incluso cuando das pasos agigantados en la consecución de tus objetivos, seguirás escuchando esta voz gritando desde los recovecos de tu mente diciéndote que no puedes hacerlo. A veces, los gritos penetrantes de nuestra duda pueden tener un efecto paralizante en nosotros. Esto te dejaría atrapado en aguas turbias que te distraerían de otras cosas sorprendentes que podrías y deberías hacer. Para ahogar las voces de la duda, tendrías que activar otra voz. Recuerda esos mantras que has estado practicando, tendrías que subir el nivel de las cosas. Escucha las palabras que la voz de la duda está diciendo y busca mantras que contrarresten esas palabras positivamente. Cuanto más poder te hagan sentir, mejor para ti.

Fuera de las voces de la auto duda, vas a tener que desterrar otros pensamientos negativos que pueden haber sido programados por tus creencias, cultura y demás. Lo que crees tiene un fuerte control sobre ti. He escuchado la frase, "un hombre de convicciones es un hombre peligroso. "En otras palabras, porque alguien así está firmemente arraigado en lo que cree, así que sacudir a esta persona va a ser tan efectivo como usar una hoja de afeitar normal para cortar el acero sólido. Su creencia forma una pared sólida que es muy similar al acero que usé en la ilustración. Para cortarla, necesitarías más afirmaciones positivas, así como la redefinición de ciertas opiniones que has mantenido sobre algunas cosas.

También necesitarías una tonelada de pura fuerza de voluntad para salir adelante. Hoy, estarás ejerciendo un gran esfuerzo mental mientras intentas poner tu vida en orden. Piensa en ello como preparar el suelo para la próxima temporada de siembra. Si hay hábitos, materiales o imágenes que alimentan la negatividad que te rodea, es imperativo que seas brutal en su eliminación. No dejes que los sentimientos se interpongan en el camino. Algunas cosas o personas pueden ser fácilmente dejadas aparte tal vez debido a relaciones familiares o algún tipo de obligación. Tal vez, la fuente de la toxicidad en tu vida es tu lugar de trabajo, pero debido a consideraciones financieras, no estás en condiciones de cortar los lazos inmediatamente. En situaciones como esta, puedes idear un plan de acción para salir más adelante. Así que, incluso si no puedes salir de inmediato, tienes algo que esperar en los próximos días.

Sé que lo hago parecer más fácil de lo que es en realidad, pero esto haría una gran diferencia en todo. Cuando dejas ir cualquier cosa que pueda comprometer tu paz mental, estás contribuyendo a la creación de un ambiente emocionalmente estable que nutre a esta nueva persona en la que estás tratando de convertirte. Incluso más que eso, te ayuda a prosperar. A medida que desarraigas los elementos negativos de tu vida, asegúrate de reemplazarlos por otros más positivos. Abastécete de libros que te alimenten emocionalmente. Escribe pequeñas frases y citas positivas y colócalas estratégicamente en tu casa y en tu persona. Tropezar con ellas en momentos aleatorios puede inyectar un muy necesario aumento de la confianza.

Mientras dejas de lado los amigos negativos, conecta con la gente que te inspira y motiva. En esta era de redes sociales, puedes optar por asegurarte de que tu línea de tiempo esté llena de mensajes positivos siguiendo a las personas que exudan el tipo de contenido que resuena contigo. Recuerda constantemente que estás a cargo y que no puedes controlar lo que sucede. Sin embargo, puedes controlar cómo reaccionas ante ello y cuánto te afecta.

Día 19

Lleva la positividad a los demás

Cuando has sido el destinatario de algo bueno, lo mejor es pagarlo por adelantado. En los últimos días, te has beneficiado de la sabiduría de otros y no me refiero a las palabras de este libro. Estoy hablando de los mantras y las frases positivas que has investigado y adoptado como tuyas que son regalos de otros que vinieron antes que tú. Hoy, vas a tratar de sembrar semillas positivas en el mundo que te ha bendecido. Esto no significa que tengas que empezar a brotar palabras de sabiduría para que otros las disciernan. Sin embargo, hay cosas que puedes hacer para que la bola ruede en esa dirección... ...pero primero averigüemos lo que esto hace por ti.

Si nunca has hecho algo desinteresadamente por alguien, te sugiero que dejes este libro ahora mismo y lo pruebes. Más allá de ver la sonrisa en la cara de la persona para la que estás haciendo el bien, hay un sentimiento cálido que te llena. Los estudios han demostrado que los actos personales de bondad activan una parte de tu cerebro que disminuye los efectos de la ansiedad. Por supuesto que los resultados no son concluyentes, pero es un tema muy prometedor. Aun así, no vamos a esperar hasta que los resultados de ese estudio estén concluidos antes de actuar. Satisfacer la necesidad de otro ser humano es un aspecto fundamental de la naturaleza humana y esto debe ser fomentado.

En segundo lugar, hacer actos de bien te saca de tu propia cabeza. No hace falta mucho para encontrarse preocupado por los problemas que se enfrentan. Nos quedamos tan atrapados en nuestro propio mundo que olvidamos que hay todo un universo lleno de otros seres humanos que se enfrentan igualmente a su propio conjunto de problemas y aunque no son tu responsabilidad, ayuda mostrar un poco de empatía. Pasar incluso sólo 5 minutos con un oído atento podría revelar lo trivial que es tu problema en comparación con los demás. No sientas la necesidad de acaparar la atención cuando se trata de quién ha sido más injusto en la vida. Puede que te sientas como si fueras el único en el mundo, pero todo lo que tienes que hacer es extender la mano y te sorprenderás al descubrir que hay tanta gente dispuesta a llenar tu vida de amor.

De niño, mi abuelo me dio una ilustración de generosidad que me acompañó toda la vida. Habíamos ido a pescar y me pidió que me metiera en la cesta y le diera un poco de cebo. Justo cuando le di el cebo, mi abuelo me puso la mano encima de la suya y me dijo: "Los dadores siempre estarán arriba". Esta imagen siempre ha estado en mi mente todos estos años. Cuando pensamos en dar, nuestra preocupación suele ser lo que tenemos que perder. Ese abrigo favorito, ese dinero extra o incluso nuestro tiempo; tendemos a pensar en ello como una pérdida. Pero en realidad, estamos ganando mucho más. Y cuanto más damos, más ganamos.

Devolverle algo al mundo no es tan complicado como parece. Y no es necesario ir a una aventura al otro lado del mundo para poder dar. La caridad, dicen, comienza en casa. Puedes empezar en tu casa y luego llevar cosas a tu comunidad. Hay muchas ideas para dar y no todos los regalos tienen que involucrar la separación de dinero. Si te falta inspiración, deja que mi lista te dé una pista.

1. Ofrece voluntariamente tus servicios:

Busca una causa que te apasione y luego encuentra una organización que apoye esa causa en tu vecindario. La mayoría de las ONG suelen estar abrumadas por la demanda de los servicios que ofrecen, así que un par de manos extra de ayuda son siempre bienvenidas. Ofrécete a servir a la organización en el mejor modo que puedas hacerlo. No tiene que ser algo a largo plazo, así que no te preocupes por hacer un compromiso que no estés listo para aceptar.

El servicio que ofreces podría depender del tipo de organización para la que te ofreciste. Las ONG médicas requieren personal médico o al menos alguien con cierta formación médica y las organizaciones educativas requieren profesores. Por lo tanto, ten esto en mente cuando hagas tu solicitud.

2. Ofrece voluntariamente tu tiempo:

No a todos nos gusta trabajar con otras personas y si la idea de acercarte a una ONG te desanima, puedes poner tu granito de arena en tu comunidad donando minutos y horas de tu tiempo para el servicio comunitario. Tal vez el parque recreativo cercano a ti está siendo invadido por la basura. Coge tu equipo, camina por el parque y recoge la basura. También pueden elegir hacer esto a tu conveniencia.

Cuando ofrezcas tu tiempo, simplemente busca oportunidades que te muestren cómo puedes usar mejor tu tiempo para ayudar a tu comunidad. Incluso tomarse el tiempo extra para clasificar adecuadamente la basura en casa puede ser de gran beneficio para ti, la comunidad y el medio ambiente.

3. Actos de bondad aleatorios

Si no vas a poder ofrecer tu tiempo y/o tu servicio, tienes que subirte a este vagón que te permite escoger momentos esporádicos para actos de amabilidad con cualquiera, a pesar de que sea una cara conocida o un completo desconocido.

Ceder el asiento a una persona mayor en el autobús o en el tren, dar una sonrisa cálida y acogedora a tu nuevo compañero de trabajo o hacer un cumplido genuino; son todos actos de bondad.

Hoy en día, tu tarea es realizar al menos una buena acción para alguien que no sea de la familia. Sé creativo en la realización de la tarea. Posteriormente, haz de esto un hábito diario. Emite vibraciones positivas al universo y observa cómo el universo responde con bondad.

Día 20

Vive el momento

Las circunstancias actuales de tu vida pueden no ser las ideales y vivirlas puede ser una dolorosa experiencia diaria para ti. Pero quedarse atascado en un pasado glorioso o mantener la cabeza en las nubes de un futuro que no es seguro no va a hacer que las cosas mejoren. Cuando la gente da el consejo de "vivir el momento", nos imaginamos una vida que tiene muchas cosas buenas para esa persona que parece ser negligente con los "dones" que posee. Pero para las personas que están viviendo uno de los momentos más oscuros de sus vidas, esa declaración es una carga pesada de llevar. Parece casi imposible. Es por eso que mucha gente trata de escapar de sus vidas a través de las drogas, el alcohol y otras adicciones dañinas.

Tomar la decisión de vivir el momento a pesar de las duras circunstancias que te rodean es una decisión valiente y valerosa que aplaudo. Requeriría más ejercicio de tu fuerza de voluntad para mantenerte en el camino de esta decisión ya que hay muchas distracciones que pueden ofrecer un escape. E incluso cuando seas capaz de mantenerte alejado de las distracciones, de vez en cuando, te encontrarás con acontecimientos que te causarán ansiedad y te llevarán a preocuparte por el futuro. Estas preocupaciones nuevamente te alejan del presente y todo esto puede contribuir a crear una atmósfera de desesperación. Si no estás atento, podrías quedar abrumado por todo esto y perder de vista lo que es importante. Porque, no importa cuán oscuras se pongan las cosas en este momento, tu brillante futuro está enraizado en tu capacidad de cesar un momento en tu presente. Y sólo puedes reconocer ese momento si estás viviendo en él. Esta es la paradoja de la vida.

El primer paso para vivir el presente es reducir el ritmo. La vida de hoy se vive en el carril rápido. Siempre tenemos prisa por llegar a nuestro destino. Buscamos atajos para hacer el trabajo. Queremos que las cosas sucedan a la velocidad de la luz. La tecnología que se está creando para esta época está diseñada para satisfacer nuestra necesidad de un servicio más rápido. La ironía es que en nuestra molestia por llegar a donde vamos en el menor tiempo posible, terminamos corriendo en círculos. Nos volvemos como esos pequeños y lindos hámsteres sobre ruedas. Ellos sólo pedalean y pedalean, pero terminan yendo realmente a ninguna parte. Por eso dicen: "No se trata del destino, lo que cuenta es el viaje". No te concentres tanto en llegar a tu oficina a tiempo como para ignorar a las personas y experiencias importantes en tu camino. Abraza a tu compañero un poco más fuerte antes de salir por la puerta. Choca esos cinco con los niños. Sonríe y saluda al vecino mientras te diriges a tu auto. Disfruta de lo que ves y los sonidos de la ciudad mientras te abres paso entre el tráfico. Tu trabajo seguirá esperándote, pero este momento se te escapa para siempre. Detente y huela las rosas, literal y figuradamente.

El siguiente paso es estar más atento. Lo que esto significa esencialmente es que tienes que prestar más atención conscientemente a lo que está pasando a tu alrededor en este momento. La vida no ocurre al revés ni tiene un botón de avance rápido. Progresa con cada momento de vigilia. Tus miedos sobre el futuro no deberían interrumpir tus acciones en el ahora. No estoy insinuando que tus preocupaciones no estén fundadas y que no deberías planear para el mañana. Pero no te dejes atrapar tanto por esos planes al punto que descuides lo que está pasando ahora mismo. Haz un esfuerzo deliberado para prestar atención a las cosas que estás haciendo ahora. Incluso si son simples actividades mundanas que haces todos los días, enfoca tu mente para permanecer en la tarea. Por ejemplo, cuando te sientes a comer, no te límites a poner la comida en la boca, masticarla y luego tragarla. Saborea el sabor y la textura de la comida. Celebra la explosión de sabores en tu boca y esto puede sonar como si fueran extras, pero en realidad es sólo aprovechar los momentos de tu vida.

Por último, para vivir verdaderamente el momento, hay que realinear las prioridades con las realidades presentes. En cada etapa de nuestra vida, nuestras prioridades cambian, pero no muchos de nosotros lo reconocemos. Lo que era importante para ti a los 20 años puede que no tenga el mismo valor cuando llegues a los 30, pero nos aferramos a esto de todos modos. Un ejemplo típico sería el valor que le damos a nuestras carreras cuando estamos solteros y luego seguimos eligiendo la carrera por encima de otras cosas valiosas en nuestras vidas cuando nos casamos. Esto no sugiere que tu carrera tenga que terminar cuando te casas y empiezas una familia propia. Pero es un hecho innegable que se produce un cambio de prioridades. Tu familia se convierte en tu prioridad. Si no se hace esto, se producirán conflictos innecesarios que te quitarán la alegría de vivir el momento. Esto se aplica a todos los aspectos de tu vida. Debes dar prioridad a lo que valoras si quieres maximizar los beneficios de vivir en el presente.

Otro factor importante que puede arruinar tu capacidad de disfrutar del presente es mantener una actitud crítica hacia la vida. Vivimos en una época en la que todos tienen una opinión, sobre todo y todos pensamos que tenemos razón. Para añadir combustible a una llama ya ardiente, hay varias plataformas sociales que amplifican us opiniones, por lo que siempre estamos dispuestos a expresar nuestro disgusto en cada momento. El inconveniente de esto (entre un millón de personas en mi lista) es que nos volvemos intolerantes y estrechos de vista cuando nuestras creencias miopes se hacen eco de extraños en todo el mundo. Así que, en lugar de acercarnos a un momento con la mente y las manos abiertas, tomamos una postura crítica y nos perdemos los placeres que hay ahí fuera. Es vital estar enraizado en nuestras creencias, tener una voz que represente nuestros valores, pero es aún más importante vivir nuestras vidas con una mente abierta. Tener la mente abierta es lo que crea la oportunidad de disfrutar de las sorpresas contenidas en estos pequeños momentos que constituyen las experiencias de nuestra vida.

Día 21

Dejando todo atrás

Para concluir lo que sé que han sido 3 semanas emocionalmente difíciles para ti, estoy orgulloso de que ahora estés "dejándolo todo atrás". No hace mucho tiempo, pasaste el día deshaciéndote de cualquier elemento negativo en tu vida, así que se plantea la pregunta de "¿qué es exactamente lo que estás dejando ir hoy?" La respuesta es bastante simple. Hoy es el día en que dejas ir el dolor. Ahora, esta realización ofrece algunas buenas noticias, ¿verdad? Quiero decir, nadie quiere cargar con su dolor las 24 horas del día. Si hay una oportunidad de exorcizar físicamente el dolor emocional que sentimos, muchos de nosotros nos apuntaríamos en un abrir y cerrar de ojos. Pero si se nos da la oportunidad de dejar ir el dolor libremente, muchos de nosotros dudaríamos. Esta vacilación no se debe a que disfrutemos del dolor. Es porque a nivel subconsciente, nos hemos unido a nuestro dolor y esto se ha convertido en nuestra identidad. Dejar ir es una de las cosas más difíciles de hacer, por lo que lo reservé para el último consejo. Pero también es el paso más significativo para que sigas adelante con tu vida de forma consciente y saludable.

Aferrarse al dolor del pasado y tratar de aprovechar el futuro es como hacer una tortilla con huevos podridos. Tienes todos los ingredientes necesarios para una tortilla, pero poner algo que ya está contaminado arruina todo el sabor y los sabores que dan los otros ingredientes, aunque estén en buenas condiciones. A lo único que debes aferrarte de tu pasado son las lecciones que has adquirido. El dolor te enseñó las lecciones, pero no es el dolor lo que transformará tu vida. Son las lecciones. Aferrarse al dolor sólo arruinará cualquier experiencia maravillosa que puedas tener en el futuro. Los ejercicios que has estado haciendo en las últimas semanas te han preparado para este momento. Es aterrador, pero también es una de las cosas más valientes que puedes hacer hoy.

Para ayudar con la parte de miedo, en lugar de idealizar el dolor, ¿qué tal si pones el poder de tu mente a trabajar redefiniendo este momento. Si dejar ir suena un poco demasiado duro para ti, llamémoslo el momento en que rompes con el dolor. Eso suena mucho mejor y da un giro más positivo a las cosas. Ahora, vayamos directo al grano. El dolor no es como una cosa tangible que puedes recoger con un recogedor y luego vaciar en el cubo de la basura. Pero hay formas de lograr el mismo efecto cuando dejas las cosas atrás con este proceso paso a paso.

Paso 1: Deja de acariciar el dolor

Los humanos tienen mascotas por varias razones, pero la más común es la compañía. Cuando nos sentimos tristes y solos, nos acercamos a nuestros amigos peludos y los acariciamos para sentirnos mejor. Dejamos que nuestras mascotas absorban los sentimientos y recurrimos al amor incondicional que nos dan para mejorar nuestro estado de ánimo. Muchos de nosotros tratamos nuestro dolor como mascotas. Cada vez que algo negativo sucede, buscamos ese dolor y lo usamos para consolarnos. No es algo consciente que hacemos, pero si realmente quieres seguir adelante, vas a tener que dejar de mimar tu dolor.

Paso 2: Deja de poner excusas

Sabemos que este dolor y amargura que llevamos dentro no puede traer nada bueno, pero cada vez que se trata de dejarlo ir, empezamos a poner excusas como "el dolor es un recordatorio de lo que he pasado". "Clichés como ese, suenan como si fueran profundos, pero en realidad son sólo otra excusa para retener tu equipaje. Hay otras grandes maneras de recordarse a sí mismo esta experiencia. Algunos se hacen tatuajes, otros optan por joyas grabadas, y mi favorita es aquella en la que eligen un día del año para conmemorar la batalla que libraron y la bien ganada victoria que coronó su valentía. Sea lo que sea que elijas hacer, esfuérzate por asegurarte de que estás abrazando las cosas correctas por las razones correctas.

Paso 3: Deja de hacerte la víctima

Sabemos que esta cosa trágica y terrible te ha pasado y que no te lo mereces, pero llevar la insignia de víctima sólo para obtener la simpatía de todos no te va a ayudar a seguir adelante de ninguna manera. Para empezar, la insignia de víctima anula cualquier escenario en el que salgas como ganador. Lo único que te da es simpatía y aun así, hay una fecha de caducidad para la simpatía que tienes ahora. Esta fugaz "recompensa" no es una buena razón para aferrarse a una ilusión en la que el dolor te da lo que quieres. Este tipo de pensamiento funcionaría en contra de todos tus esfuerzos para seguir adelante. En las relaciones, podrías volverte desconfiado y manipulador. La gente puede quedarse contigo por simpatía, pero no puedes manipularlos por mucho tiempo.

Paso 4: Dejar de hacer comparaciones

Poner tu dolor en un pedestal y luego usar eso como una medida para definir los eventos que te suceden en el futuro puede hacer que las cosas se pongan feas muy rápido. No importa lo hermoso que intentes hacer que ese pedestal parezca, no funcionará mientras tengas ese dolor ahí arriba. Piensa en el huevo podrido de la analogía de la tortilla que usé antes. No importa si pones los ingredientes más elegantes en él. La sal marina, las especias marroquíes o incluso la forma más pura de aceite de oliva virgen no pueden cambiar el desagradable sabor u olor que el huevo podrido traería a la comida. Lo mismo ocurre con dejar que el dolor defina tu futuro.

Hoy en día, haz un esfuerzo consciente para dejar ir el dolor. Y mientras lo haces, intenta perdonar a todas las partes involucradas. Y lo más importante, perdónate a ti mismo. Si estás albergando sentimientos de venganza, tienes que dejarlos ir. Dejar ir no significa que dejes a la otra persona libre de culpa. De hecho, ya no se trata de ellos. Dejar ir es sobre ti y tu bienestar emocional. Cuando te aferras a un rencor o dolor, le das a esa persona o cosa poder sobre ti. Este viaje se trata de reclamar tu poder y elevarte por encima de tus batallas emocionales. Nadie ni nada debería tener tanto poder sobre ti. Déjalo todo y obsérvate a ti mismo crecer.

Abrazando al nuevo tú

¡Felicidades! Lo has conseguido. Estoy muy emocionado por la próxima fase de este viaje que estás a punto de hacer. Si te caíste en el camino, está bien. No nos definimos por nuestros fallos sino por nuestra capacidad de volver a levantarnos cada vez que caemos. En las últimas tres semanas, realmente te has puesto en marcha. Montaste la tormenta, enfrentaste tus miedos y reescribiste tu historia. Has despertado a tu verdadera naturaleza y has adquirido conocimientos que te servirán durante mucho tiempo. También estoy seguro de que has logrado sorprenderte a ti mismo en este período. Las revelaciones sobre ti mismo y tus experiencias en la vida han abierto la puerta que te ha llevado a una relación más íntima contigo mismo.

La revelación de esta nueva dimensión para ti es una experiencia extraordinaria. Sin embargo, todavía no has terminado este viaje. Esto es literalmente sólo la punta del iceberg. La parte de ti que acaba de salir a la superficie se extiende muy por debajo. Mientras la vida siga ocurriendo, tendrás que seguir en ella. Todo lo que has aprendido y practicado aquí debe ser repetido diariamente hasta que se convierta en una parte de ti. Llega a un punto en el que ya no necesitas hacer listas y recordatorios telefónicos para decirte qué hacer y cuándo hacerlo. Debería ser como respirar. No tienes que controlarte o recordarte a ti mismo que debes tomar la siguiente respiración, simplemente lo haces. No esperes hasta que haya una crisis para empezar otra rutina de 3 semanas. Prepárate para esos momentos ahora para que cuando lleguen (considera que esos momentos siempre llegarán), estés en la mejor forma para asumir las cosas y superarlo. Situaciones que antes te habrían visto desmoronarte, ahora te permitirán ser aún más fuerte.

Por mucho que te guste este nuevo tú y no puedas imaginarte ser otra persona (excepto quizás Bill Gates o Beyoncé), es esencial que mantengas una mente abierta porque cambiarás. Algunos de esos cambios son inevitables y es natural resistirse a ellos. Pero no lo combatas por mucho tiempo. Acepta esos cambios tal como te has acostumbrado a este nuevo tú. Ahora, mientras te esfuerzas en estos hitos que estás haciendo, cuida de las personas en tu vida. Si el nuevo tú manifiesta este cambio tanto física como emocionalmente, puede que se refleje en tu sentido de la vestimenta entre otras cosas. Tal vez tu eras el tipo conservador que usaba colores apagados y se mantenía alejado de las impresiones gráficas atrevidas, puede que te veas atraído por los colores brillantes y las impresiones más audaces. Esto puede ser un poco chocante para la gente que te conoce, especialmente para aquellos que comparten un sentido del estilo similar al de tus preferencias de estilo anteriores. Necesitas darles algo de tiempo para que se ajusten a tu nuevo yo.

Tal vez eras el tipo ruidoso y bullicioso que vivía un estilo de vida extrovertido, pero a medida que te has puesto en contacto con tu verdadero yo, te das cuenta de que este ya no eres tú. Así que te vuelves más introvertido. Los amigos y la familia que te han visto en tu mejor momento de extroversión tendrían dificultades para reconciliar a la persona que conocían con la nueva persona en la que te has convertido. Tendrás que estar abierto a la posibilidad de que no estén completamente emocionados con tu nuevo yo de inmediato. No trates de cambiarte a ti mismo sólo para que se sientan cómodos con tu transformación, pero tampoco fuerces a este nuevo tú a que "baje por sus gargantas". Sé paciente con ellos y confía en que eventualmente volverán en sí. A medida que continúes descubriendo más capas de ti mismo, también deberías hacer lo mejor para equilibrar las relaciones en tu vida a lo largo del proceso. Si el equilibrio de tus relaciones parece estar interfiriendo con lo que estás tratando de lograr, tal vez deberías tener una rápida charla con ellos explicando lo que estás haciendo y por qué puedes no ser tan accesible como normalmente eres. Esta charla rápida les hará saber que estás tratando de mejorar y que aquellos que realmente te aman pueden apoyar mejor sus esfuerzos y animarlo a seguir adelante.

Este es un período en el que se te permite ser un poco egoísta. Tu salud mental y emocional es importante. Así que incluso después de que completes este ejercicio de tres semanas, haz un punto de deber para encontrar tiempo todos los días para ti mismo. Estás en una mejor posición para amar y dar positividad si eres capaz de abastecerte de amor propio y energía positiva. Es imposible dar lo que no tienes. No te desvíes por las "distracciones". Internet es un gran recurso de información, pero si no tomas decisiones conscientes, podrías terminar siendo absorbido por su interminable laberinto de datos irrelevantes y sin sentido.

Acostúmbrate a practicar la alegría todos los días. Dicen que la felicidad es una elección y dado tu nuevo poder en las elecciones que haces, busca diligentemente la alegría en todo lo que haces. Puedes hacerlo empezando cada día con la mentalidad de que cada día que despiertas te presenta una pizarra limpia. La vida escribirá algunas cosas en esa pizarra, pero el autor principal eres tú. Y si resulta que no te gusta la narración que la vida está dando, coge el mando y reescribe ese capítulo.

Todas estas cosas que estás haciendo es para honrar a esta nueva persona en la que te has convertido. Ama a esta increíble persona que eres ahora. No te conformes con nada menos de lo que mereces. No dejes que esta sea una fase de tu vida. Debería ser un proceso continuo. Busca nuevas aventuras, enfrenta viejos miedos... sigue evolucionando. Hay tanto por lo que tienes que vivir y si alguna vez te quedas atascado en una especie de atasco emocional similar que te llevó a este libro inicialmente, recuerda esto. Has recorrido un largo camino, y hay un largo camino por delante. Pero si puedes llegar hasta aquí, puedes ir aún más lejos.

Confío en ti y en todos tus esfuerzos para hacer esta transformación, tanto que te insto a compartir tu experiencia personal con los demás. Tu historia podría elevarlos e inspirarlos a reclamar su propio poder. Recuerda, es al levantar a otras personas que levantamos nuestras comunidades. Al igual que las muchas personas que te han inspirado a ser mejor, puedes ser la inspiración para otros.

En una nota final, no tienes que esperar hasta el comienzo del Año Nuevo para implementar los cambios que quieres ver en tu vida. Cada día es un buen día y esta es una razón suficiente para salir de la cama y marchar hacia tu mejor vida. Los propósitos de Año Nuevo son geniales y todo eso, pero los propósitos de Año Nuevo son absolutamente las tendencias de autocuidado más calientes para intentar en este momento.

Cierre

Quiero agradecerte mucho por darme el honor de incluirme en su viaje. Gracias por dejarme ser una de las voces en tu cabeza que te anima a ser mejor. Permitirme entrar en tu espacio me hace sentir verdaderamente bendecido y humilde. Normalmente soy elocuente con mis palabras, pero en momentos como estos, me faltan las palabras que encapsulan con precisión mis pensamientos y sentimientos. ¡Basta con decir que me inspiras!

Es mi más ferviente deseo ver que la gente es capaz de construir relaciones con ellos mismos. Hay demasiadas personas rotas en el mundo: a pesar del advenimiento de Internet y la riqueza de información de la tecnología, todavía no hay suficiente conocimiento ahí fuera para ayudarles a curar sus heridas. Muchos de nosotros hemos quedado lisiados emocionalmente y mentalmente por las tragedias que hemos sufrido. Hemos pasado de vivir a sólo sobrevivir. Pero estamos hechos para más que eso. No sólo quiero vivir, sino que quiero prosperar y quiero estas cosas para todos nosotros.

La curación emocional comienza desde dentro y no hay ninguna cirugía que pueda arreglar eso. Sin embargo, ante esta situación aparentemente indefensa, se nos ha dado el poder de cambiar las cosas por nosotros mismos. El cambio de juego en todo esto es la elección. ¿Qué has decidido hacer con tu vida hoy? ¿Vas a sentarte y tomar todo lo que se te está echando encima? ¿O te vas a poner de pie y decir "basta"? "Estas son las elecciones a las que te enfrentas hoy, y tu respuesta determinará el resto de tu vida.

Espero que encuentres el valor para elegir tu vida cada día. No importa lo que el resto del mundo haya dicho de ti, la simple verdad es que te mereces algo mejor. Y aunque te hayas aislado en tus luchas, debes saber que nunca estás solo. Millones de personas en todo el mundo comparten historias similares a sus experiencias de vida. Y muchos de ellos han hecho más que sólo sobrevivir a esas experiencias. Han perseverado en la cima. Y lo notable de sus historias es que estas victorias que tienen no han sido fruto de la riqueza o de un cambio en sus circunstancias. Fue como resultado de un cambio en su actitud.

Reconocieron su poder y actuaron en consecuencia. El cambio no ocurrió de la noche a la mañana. Y el cambio no se detuvo en el momento en que obtuvieron su victoria. Es un proceso que ocurre todos los días y ellos prosperan en la plenitud de este. La mejor parte es que no tienen el monopolio de esto. También pueden reconstruir a partir de la pérdida que han experimentado y restaurar las relaciones que han sido dañadas. La tragedia y el trauma no tienen que caracterizar tu vida. Elije en cambio caracterizar aquellas cosas que han salido mal. Puedes transformar tu vida en 21 días y no hay mejor momento para comenzar este viaje que ahora mismo. Para aquellos que han comenzado, los celebro por adelantado. Sean consistentes, sean diligentes, y lo más importante, ¡sean deliberados!

Gracias.

Antes de que te vayas, sólo quería darte las gracias por comprar mi libro.

Podrías haber elegido entre docenas de otros libros sobre el mismo tema, pero te arriesgaste y elegiste este.

Así que, mi ENORME agradecimiento a ti por conseguir este libro y por leerlo hasta el final.

Ahora quería pedirte un pequeño favor. **¿Podrías considerar publicar una reseña en la plataforma? Las reseñas son una de las formas más fáciles de apoyar el trabajo de los autores.**

Esta retroalimentación me ayudará a seguir escribiendo el tipo de libros que te ayudarán a obtener los resultados que deseas. Así que, si lo disfrutaste, por favor házmelo saber.